BEN SWEETLAND

ENRIQUÉCETE MIENTRAS DUERMES

Enriquécete mientras duermes

por Ben Sweetland

ISBN: 978-1-942991-56-4

Publicado por
Editorial RENUEVO

www.EditorialRenuevo.com
info@EditorialRenuevo.com

CONTENIDO

Dedicado a Edel, que es mi niña, mi amada, y mi esposa.

❦

CÓMO TE AYUDA
ESTE LIBRO A ENRIQUECERTE

Prepárate para una experiencia maravillosa. Lo que sea que quieras de la vida, este libro te va a enseñar la manera que puedes hacer que llegue a ti. Ya sea dinero, influencia, amor, respeto o admiración—ya sea una o todas éstas—será tuya en abundancia.

Esta manera de enriquecerse es universal. Le ha traído riquezas a mucha gente que se dedica a todo tipo de ocupaciones en muchas partes del mundo. No depende de tu educación, tu pasado o tu suerte.

Depende de la parte más esencial y profunda de tu pensamiento.

Simplemente, observa a tu alrededor y verás cuán pocas son las personas que realmente saben lo que quieren o hacia dónde van. Sin un objetivo en su mente, ni siquiera podrían discernir la diferencia entre lo bueno y lo malo para ellos.

Si tú también eres así—no te preocupes. Este libro te va a cambiar. ¡Empieza por recordar que *tú eres mejor de lo que tu conscientemente crees que eres*! ¡De hecho, si ya sabes cómo te gustaría gastar mucho de dinero, ya llevas la delantera a muchas personas!

Antes que termines este libro, vas a saber de una vez por todas:

- Cómo reconocer tus metas en la vida—sin importar lo que los demás traten de decirte.

- Cómo familiarizarte con tu verdadero yo—tus verdaderas habilidades, tu acumulación enorme de talento escondido.

- Cómo llenarte de profunda confianza, entusiasmo genuino, y voluntad, que otras personas estén encantadas de ayudarte a conseguir lo que deseas.

- Cómo encontrar y mantener la imagen gloriosa de su propio éxito y construir con dirección hacia esa imagen con cada palabra y obra.

A medida que tu trabajo se multiplique en riqueza, recuerda esto: tú no solamente posees las cosas que el dinero puede comprar, sino también la profunda satisfacción interior que proviene de hacer de tu vida lo que quieres que sea. Enriquecerte de una manera en la que puedas manifestar lo que piensas y lo que sientes es simplemente lo más saludable, constructivo y alegre que puedes hacer por ti mismo.

El maestro de tu éxito es tu Mente Creativa

Este libro en su totalidad es escrito en torno a un dicho de la Biblia: «...porque cual es su pensamiento en su alma, tal es él.» (Proverbios 23.7) Sin cambiar el significado de esta verdad de oro eterna, yo te la doy a ti relacionado con la psicología moderna: *Un hombre es lo que su Mente Creativa dice que es.*

Tú no eres un cuerpo con una mente acoplada—tú eres una mente con un cuerpo acoplado. Recuerda esto y vas a tomar tu primer paso hacia el autodominio.

En realidad, la mente tiene dos niveles. El que conocemos mejor es el nivel consciente. Éste toma impresiones por medio de tus sentidos—sentido de la vista, el oído, el tacto, el gusto y el olfato. Es muy efectivo al hacer las mil-y-una decisiones que tienes que hacer diariamente. Cuando se hace algo consciente—tomar un lápiz, hablar con el mesero, hacer una llamada telefónica—tu Mente Consciente envía la orden a tu cuerpo. Y cuando te vas a dormir, tu mente se va a dormir.

El otro nivel nunca duerme. Esta es la Mente Creativa. Tu Mente Creativa literalmente te mantiene con vida. Ésta es responsable por las funciones involuntarias de la vida, tales como los latidos del corazón y tu respiración. Tiene mucho control sobre tus glándulas—es el maestro que regula tu cuerpo.

Lo más importante para nuestro propósito: Tu Mente Creativa también gobierna tu personalidad, tu carácter, tus impulsos más íntimos, tus deseos y secretos mas profundos.

W. Clement Stone concibió una imagen poderosa de su Mente Creativa: él se vio a sí mismo controlando una gran compañía de seguros. Ahora bien, todos sabemos que para comenzar un negocio, todos necesitamos un capital. De hecho, la mayoría de los fracasos en los negocios es causado por la falta de capital o de sobrevivir el mal tiempo.

Pues bien, mi amigo Stone tenía menos de $100 en su bolsillo; pero hasta el día de hoy, ha acumulado una fortuna personal de unos $100.000.000 como presidente de una compañía de seguros. (En 1919, Stone construyó la compañía Combined Insurance Company of América, compañía que proporcionaba cobertura para accidentes de seguros y de salud) y para 1930, el tenía más de 1000 agentes vendiendo seguros para él a través de Estados Unidos. Ya en 1979, su compañía de seguros sobrepasaba un millón en activos. En 1987 se unió con Ryan Insurance Company para formar Aon Corporation y posteriormente dio pie a Aon para ACE Limited en abril de 2008.

¿Cuántos vendedores saldrán a la calle hoy con un producto apasionante y una propuesta de ventas interesante y no conseguirán ni una sola venta? Tu Mente Consciente es la que sabe los atributos de un producto específico y cómo puede llegar a beneficiar al consumidor. No obstante, tu Mente Creativa es la que determina si tú generas confianza o sospechas, convicción o dudas. Tu Mente Creativa determina si eres alguien que le cae bien a la gente al decir «Hola» o si eres alguien que causa vibraciones negativas que indican que eres una persona difícil para hacer negocios.

Yo no quiero decir que tener una imagen del éxito en tu Mente Creativa significa que nunca podrás fracasar en alguna ocasión, pero sí te daré ejemplos de algunas personas que, tras haber fracasado en primer lugar, volvieron a intentarlo y sobrepasaron todo obstáculo. Simplemente, tomaron cada traspié como una oportunidad para mejorar.

Es tu Mente Creativa la que puede y que, de hecho, te colocará entre las personas felices, bien vestidas y con los medios suficientes: aquellas personas que atraen amor, que encuentran la solución a cada dificultad y que parecen siempre vivir bajo la luz del sol.

Cómo hacerte rico mientras duermes

Como el título promete, este libro te mostrará cómo hacerte rico mientras duermes. Lo haces al comunicarte con tu Mente Creativa mientras que tu Mente Consciente duerme con el resto de ti.

En ese momento, tu Mente Creativa está altamente receptiva y la Mente Consciente no puede interferir. Envíale un mensaje a tu Mente Creativa mientras duermes y ese mensaje tomará raíz. Es más, hasta puede borrar mensajes viejos no deseados. (Esto también lo puedes hacer en otros momentos, pero el mejor tiempo para hacerlo es cuando duermes.) Desde luego, te aseguro que dormirás bien.

Como yo te mostraré más adelante, el proceso actual de comunicación es muy sencillo. A algunas personas les toma unos días dominar este secreto precioso. Yo conozco a varias que lograron hacerlo en una sola noche. Es algo maravilloso descubrir que tienes el poder de ese genio mágico a tus órdenes.

¿Qué le dirás a tu Mente Creativa mientras duermes? Primero, yo te sugiero que practicas con los mensajes comprobados que hallarás en este libro. Yo sé por experiencia cuán poderosos son.

Al poco tiempo crearás tus propios mensajes y tus propias imágenes mentales: tú conduciendo el automóvil que deseas, tú viviendo en el hogar que deseas, tú perteneciendo a los clubes y grupos sociales en los cuales quieres ser miembro. Y sobre todo, una imagen mental de ti con mucho dinero y gastándolo como tú quieras.

Algunas personas creen que ya han intentado esto y fracasado. Si tú compartes esta opinión, es probable que tú jamás hayas accedido a tu Mente Creativa. Muchas personas «cambian de mente» con respecto a la manera que manejarán sus vidas, pero lo único que cambian es su Mente Consciente.

Ahora tú vas a cambiarte a ti mismo ahí mismo donde estás viviendo. Esta vez tú echarás fuera toda negación, duda y derrotismo. El optimismo, la confianza, el coraje y un talento nuevo y maravilloso serán tuyos—y el camino a las riquezas es amplio y derecho.

La condición más saludable del mundo

Yo no estoy exagerando cuando digo que hacerse rico puede ser la cosa más productiva, saludable y feliz que tú jamás hayas hecho. Mi única advertencia es que tú debes hacerte rico de una manera que te permita expresar tus propios logros personales. Así entonces podrás ganar más que sólo dinero.

Ya que unos tres cuartos de las enfermedades tienen una base mental, ¿no es lógico pensar que tu estado mental tiene un efecto tremendo sobre ti? De hecho, el Dr. John A. Schindler, un famoso investigador, ha demostrado que una de las cosas más beneficiosas para la salud es un estado mental positivo y optimista.

Yo sé que muchas personas se hacen ricas a costa de sus propias vidas. «Por suerte», ellos pueden contar con los servicios de los doctores más caros.

Esto no te ocurrirá a ti. Los próximos años serán los más alegres, aun cuando estés acumulando tu fortuna. Tú te liberarás de muchos conflictos internos y no habrá ninguna razón por la cual deberás sufrir úlceras y dolores de cabeza. Es más, te quitarás de encima mucho cansancio y harás más trabajo con menos esfuerzo. ¿Acaso hay algo más cansador que la derrota—ese cansancio espantoso generado al constantemente golpearse la cabeza contra una pared? El mejor remedio para este cansancio es completar un trabajo tras otro con certeza y éxito. Al fin del día, tú ya estarás listo para gozar de un buen tiempo con tu pasatiempo preferido.

Tu vida doméstica y tu Mente Creativa

Una mujer preocupada vino a mí una vez para pedirme que la aconsejara. Ella no se podía llevar bien con su esposo; no había suficiente dinero para vestir a la familia y sus hijos le causaban muchos problemas. Ella sentía que estaba sin esperanzas y condenada a una vida de miseria. Ella estaba segura de sólo una cosa: ella no tenía tiempo para estudiar cómo mejorarse a sí misma.

Yo le dije que las respuestas para sus problemas estaban en su Mente Creativa. Yo pasé más de una hora con ella, explicándole lo que comparto en este libro.

Seis meses más tarde, ella regresó para contarme que su matrimonio ahora era uno ideal; ella tenía muchas ropas finas en su armario y sus hijos ahora eran un deleite en vez de una preocupación.

Lo único que ella hizo fue crear imágenes mentales de las condiciones ideales que ella deseaba. Estas imágenes literalmente se convirtieron en parte de su Mente Creativa. Sí, es cierto que también fue necesario «hacer» ciertas cosas para convertir sus sueños en realidad. Pero ella sólo empezó a cambiar las cosas tras creer que ella podía encargarse de su situación.

Yo creo que un matrimonio feliz es una riqueza incomparable y por lo tanto he dedicado muchas páginas para mostrarte cómo conseguir esta felicidad a través del poder maravilloso de tu Mente Creativa.

¿Cómo calificarías tu poder triunfador?

En el proceso de escribir este libro, yo he utilizado una gran cantidad de experiencia personal—además de las experiencias de otras personas.

La siguiente historia es una de mis favoritas y se trata de un experimento llevado a cabo con un obrero que era analfabeto.

Este hombre había trabajado con sus músculos durante toda su vida. Ahora, en sus sesenta, él empezó a envejecer rápidamente. Sin embargo, alguien luego le «comprobó» que sus documentos estaban equivocados y que de hecho él era diez años más joven de lo que él pensaba.

Casi de inmediato, este hombre comenzó a lucir, actuar y a *sentirse* más joven. Anteriormente él se había quejado porque no podía trabajar como antes; ahora él se podía esforzar el día entero sin cansarse. No había nada mal con el. Él pensó en su Mente Creativa que tenía que quejarse y bajar el ritmo, porque sus amigos estaban haciendo lo mismo.

A mí me han contado que las personas que quedan ciegas cuando son jóvenes suelen tener un aspecto más joven que el de personas con vista intacta de la misma edad. Esto aparentemente ocurre porque ellos recuerdan sus propios rostros como rostros jóvenes. Aunque hayan pasado treinta años, ellos no esperan el cabello gris o las arrugas.

El mismo principio es aplicable en otras áreas: si tú esperas un desempeño mediocre de ti mismo, eso es lo que conseguirás.

Estas son algunas de las palabras más comunes que la gente usa para menospreciarse: «Yo simplemente soy demasiado tímido para llevarme bien con los demás.» Esto suele significar que tu Mente Creativa está diciéndote que tú no te caes bien a ti mismo; por lo tanto, no te gusta cómo te comportas alrededor de otra gente así que prefieres alejarte de ellos.

Pero tu Mente Creativa puede ser convencida para cambiar sus señales completamente. Pronto tú empezarás a caerte bien a ti mismo, las otras personas te caerán bien y comenzarás a disfrutar de buenos momentos.

«Mi memoria es tan mala—siempre me está haciendo pasar

vergüenza.» Curiosamente, tu memoria esencial no es incapaz de ser mala—porque tu Mente Creativa retiene una impresión de todo lo que has escuchado, leído, sentido o saboreado desde el día que naciste—y tal vez hasta haya guardado una impresión de todo lo que has pensado.

Así que cuando tú «olvidas» algo, realmente estás diciendo que no puedes sacar algo que está albergado en tu Mente Creativa y ubicarlo en tu Mente Consciente. La línea mental está bloqueada. Unas horas o unos días después quizás esa línea mental se abra y te haga llevar una mano a tu frente y exclamar: «¡Eso es!»

Hay millones de personas que desperdician la mayor parte de sus mentes al bloquear sus propias memorias. Yo te mostraré que una línea mental abierta no sólo mejora tu memoria, sino que también fortalece y refina otros poderes mentales. Recordar rápidamente nombres, direcciones, números de teléfono y precios puede ser algo muy valioso. Sólo recuerda— tú tienes una memoria perfectamente buena. ¡Nos uniremos y la despertaremos!

«No puedo concentrarme.» La gente atolondrada a veces piensa que sufre de defectos mentales. Salvo en casos raros, esto no es cierto. Es más probable que tu Mente Creativa haya aprendido malos hábitos.

Tú verás por qué los pensamientos tienen semejante poder y cómo cada acción debe ser iniciada con un pensamiento. Luego entenderás que tú mismo, en tu Mente Creativa, debes decidir cuánto poder le otorgarás a un pensamiento en particular.

Primero, tú le ordenarás a tu Mente Creativa que se concentre en los conceptos que tú quieres que sean los más poderosos. Luego, tu Mente Creativa le ordenará a tu Mente Consciente que siempre mantenga en vista a esos conceptos. Tú ya no tendrás más problemas para concentrarte. Es más, gozarás de una concentración natural y fácil que elimina muchas preocupaciones y mantiene tus energías vitales en buen funcionamiento para alcanzar tus metas.

¡Despiértate—en cada parte de tu ser!

Tú vas a ser una persona mejor en tantas maneras. Tú te sentirás como si hubieras nacido de nuevo. Tu Mente Creativa te dará una actitud alegre y contenta con respecto a cualquier cosa que tú hagas.

Cuando tengas que encargarte de problemas y decisiones, tú crecerás en dominio propio y templanza. Las cosas que conmocionan a otras personas a ti no te conmocionarán.

Déjame contarte otra historia. Esta historia trata de mí mismo.

Hace años, cuando yo empecé a reconocer el poder ilimitado de la Mente Creativa por primera vez, yo estaba necesitando unos trabajos de reparación en mi hogar. Yo seguía encontrando razones para postergarlo y hasta quizás me haya inventado algunas otras.

Cuando finalmente terminé ese trabajo, mi conciencia empezó a molestarme. Yo me pregunté cómo podía instruirle a mi Mente Creativa que ordenare a mi Mente Consciente para hacer las cosas en el momento adecuado.

La respuesta era muy simple. Ahora, cuando tengo un trabajo por cumplir, yo primero le doy una imagen del trabajo completo a mi Mente Creativa. Esto lo hago mientras duermo y tras despertar, puedo sentir todo el placer que sentiré al ver ese trabajo finalizado. Después, cuando estoy a punto de empezar el proyecto, los obstáculos parecen desaparecer—o a lo sumo se convierten en simples detalles. Cuando el trabajo está hecho, yo vuelvo a sentir toda esa misma satisfacción.

Esa es la clave secreta para hacerse rico.

Decide hoy mismo en tu Mente Consciente que tú eres rico. (¡Ya has hecho tu trabajo principal!)

Ni bien termines de leer este libro, tú ya conocerás la manera fácil y segura de sembrar ese pensamiento millonario en tu Mente Creativa y, después nada, absolutamente nada, podrá pararse en tu camino.

CAPÍTULO 1

RIQUEZAS:
UNA INTERPRETACIÓN

¿CÓMO DEFINIRÍAS tú la palabra *riquezas*?

Tu respuesta a esta pregunta determinará el valor exacto que este libro tendrá para ti. Cuando la palabra *riquezas* aparezca de aquí en adelante, eso significará riquezas de acuerdo a *tú* definición de la misma.

Algunos de ustedes visualizarán a las riquezas como una fuente ilimitada de dinero, un hogar elegante, un yate o un avión privado. Si esta es tu meta—está bien. Sigue trabajando con esta imagen en tu imaginación y a medida que continúas leyendo este libro, descubrirás que convertir tu sueño en realidad entra dentro de tus posibilidades.

Tal vez tú defines las riquezas en términos de liderazgo: liderazgo en la política, en la industria o en comercio. Si tus deseos caen en esta categoría, el contenido de este libro te ubicará en el camino correcto para poder realizarlos. Tú quizás pienses que desear tanto riquezas materiales como riquezas personales es esperar demasiado, pero no es así. De hecho, uno no puede esperar una sin la otra. Pero debo advertirte: *desear* ambas cosas—o incluso una sola—no te llevará a ningún lado. ¡Ten cuidado con la palabra *desear*! Es capaz de hacerte más daño que bien, como aprenderás más adelante.

Yo una vez escuché una definición de riquezas que tal vez sea aplicable en alguno de ustedes.

Edel y yo estábamos visitando el hogar de un obrero y su familia. La casa era pequeña pero decorada en muy buen gusto. Contaba con la mayoría de las conveniencias modernas. El jardín pequeño daba muestras de un talento con las plantas. La hipoteca del hogar ya había sido pagada completamente. El esposo tenía un ingreso que le permitía una vida cómoda a su familia y él tenía una pensión asegurada para su jubilación. El valor total de los bienes de esta familia no superaba los $12.000.

«Yo nos considero la familia más rica del pueblo,» dijo su esposa con un gran orgullo. «No tenemos preocupaciones financieras,» ella siguió diciendo, «y la armonía reina en nuestro hogar.»

Si tú no has alcanzado este nivel de riquezas, puedes considerarlo como el primer nivel que debes alcanzar y puedes usar el poder que conseguirás con este libro para elevarte a él. Después de haber llegado a esta etapa, tú puedes elevar tus metas una vez más y continuar tu ascenso hasta niveles cada vez más altos.

Hay personas en este mundo que prácticamente no poseen ningún bien material. Sin embargo, gracias a sus mentes alegres y cuerpos saludables, ellos se consideran ricos.

Yo no creo que nosotros deberíamos aspirar a ser Creso[1], porque las riquezas materiales pueden generar tanto tristeza como una gran alegría.

¿Cómo responderías tú a la pregunta: «Cuáles son las ventajas de ser rico?» La mayoría de ustedes contestarían: «Tener dinero

---

1 *Un antiguo rey griego conocido por su riqueza (www.brittanica.com/biography/Croesus) accedido 28 de enero, 2016*

en el banco, vivir en un hogar caro, ser capaz de entretenerse lujosamente, viajar en cualquier momento, a cualquier lugar y en primera clase, o vestir ropa que le dé envidia a todos.» Quizás tengas otras respuestas aparte de estas, pero ellas tampoco serán la respuesta correcta. La verdadera razón por la cual uno quiere riquezas es para estar feliz y el camino a la felicidad es por medio de lograr algo. Tú tal vez pienses que tu meta es ser rico cuando en realidad lo que realmente desease es la felicidad que satisface el alma generada a través de los logros. Las riquezas son tu recompensa por haber obtenido tu objetivo.

Déjame citar unos ejemplos de lo que quiero decir.

Un capitalista de Nueva Inglaterra tenía un método único y particular de gastar su dinero de sobra. Él era dueño de una finca grande y bien equipada. Cada verano, un grupo grande de chicos pobres eran invitados a pasar unas semanas en esta finca. A los niños se les proveía lo mejor: frutas frescas, vegetales, productos lácteos y carnes. Los chicos y las chicas estaban bajo el cuidado de adultos capaces y atentos. Este filántropo estaba usando su dinero de una manera que le hacía feliz.

Otro ejemplo es el de un financiero generoso en Nueva York que ganaba su felicidad de una manera diferente. Él conocía muy bien el valor de ser dueño de un hogar y él se deleitaba al ver gente joven adueñarse de sus hogares sin deudas. Él estaba constantemente buscando a parejas jóvenes y dignas de su atención. Cuando él hallaba una, él le pedía a su asistente que investigara más acerca de su situación: ¿cuánto debían por la hipoteca y quién la tenía? Este hombre generoso luego pagaba la hipoteca y le enviaba el título del hogar a esa pareja digna—todo de manera anónima. Tú ya te podrás imaginar la paz mental que este individuo generoso tendría en su vida.

Tenemos también un ejemplo del otro lado: la historia de una pareja cuyas vidas fueron amargadas al adquirir riquezas. Ni bien se hicieron ricos, ellos diseñaron y edificaron un hogar extravagante. Su garaje guardaba dos de los automóviles más caros. La señora no compraba vestidos en ningún otro lugar más que en París. El esposo era un miembro popular del club de campo más fino. ¿Pero era feliz este matrimonio? Para nada.

En fines de semanas ellos entretenían visitas lujosamente y después sufrían los lunes con dolores de cabeza y bocas secas causadas por la resaca. Su digestión y salud general sufrían por causa de su estilo de vida glotón. Sus rostros acentuaban su edad y carecían de la lucidez que uno consigue tan fácilmente al vivir una vida limpia. ¿Eran felices? Cada expresión suya revelaba un aburrimiento insoportable. El esposo trabajaba diligentemente en su búsqueda de la felicidad. Él se ganó sus riquezas, pero quedó muy lejos de su meta porque no entendió lo que la verdadera felicidad significa.

Existe otra definición de la riqueza que deberíamos considerar—una que en mi opinión, es la más importante de todas.

«Ellos viven una vida rica» es algo que se suele decir acerca de ciertas personas afortunadas. ¿Qué es una vida rica? Es una vida bien balanceada, una vida llena con muchas experiencias interesantes e informativas. Una persona que vive una vida rica tiene un día que está separado en segmentos de trabajo creativo, descanso, diversión y entretenimiento. Ninguna de estas solas es suficiente para producir felicidad.

«No todo es trabajo en la vida» es un dicho que he oído desde la niñez y sigue siendo cierto sin importar cuántos de nosotros ignoramos su consejo.

Por otro lado, pasar todo tu tiempo descansando de hecho resultaría cansador. Eso sería malograr el propósito del descanso. Si tú aprovechas del descanso y la relajación entre períodos de trabajo, ambos serán más disfrutados. También disfrutarás tu trabajo cuando vuelvas a él.

El entretenimiento es el «postre» que uno disfruta tras el cierre de un buen día de trabajo. De la misma manera que «no todo en la vida es trabajo», el entretenimiento continuo tampoco ofrece una felicidad perfecta.

Durante tus períodos de diversión también deberías apartarte un tiempo para lectura constructiva. Tú también deberías ensanchar tu círculo de amigos y conocidos con un tiempo para conversar con otros.

Ahora puedes ver que una vida rica está compuesta por una combinación de todos los elementos deseables de la vida.

¿Qué harías tú con riquezas?

Antes de empezar este capítulo, yo le hice esta misma pregunta a muchas personas de todos los ámbitos de la sociedad. La variedad de respuestas fue tan amplia como la de la gente cuestionada.

Un mecánico dijo: «Yo dejaría mi trabajo, vendería mi casa y no haría más que viajar por unos años.»

¿Piensas que él estaría contento? Yo lo dudo.

Yo conocí a un hombre que se jubiló tras ser presidente de una corporación grande. Él vendió su hogar con la intención de pasar mucho tiempo viajando. Él se aburrió tanto con esta existencia nueva que regresó a su vieja ciudad, compró una casa nueva y abrió otro negocio.

Un gerente de oficina respondió la pregunta sin titubear, diciendo:

«Yo compraría esta compañía y me convertiría en mi propio jefe.» No hace falta que uno sea psicoanalista para aprender mucho acerca de este hombre con esta simple respuesta. Es probable que a este hombre lo hayan «mandoneado» demasiado, lo cual hace que él quiera ser dueño del negocio así él puede ser el que manda.

Ninguna persona que trabaja en los negocios jamás es su propio jefe. Todos sus clientes son sus jefes. Él debe ofrecerles satisfacción, o sino sus clientes lo empezarán a mandonear.

Quizás este gerente de oficina estaba pasando por dificultades financieras y por lo tanto sentía que sería bueno ser cabeza de una compañía y recibir cheques grandes por correo. Pero lo que este hombre y otras personas no suelen tomar en cuenta es que el salario de un ejecutivo es tan dependiente del dinero que gana una gran compañía como lo es el de un gerente de oficina.

No me malinterpretes. Ser dueño de tu propia compañía es algo muy bueno, pero es algo que debes ir desarrollando.

A una ama de casa le preguntaron que haría ella si fuera rica. Me gustó mucho su respuesta:

«Yo tengo tantos amigos y parientes que no están disfrutando de las mejores cosas en la vida. A mí me gustaría llevarlos, uno por uno, a hacer las cosas que les hacen feliz. A una tal vez la lleve a una tienda fina y la vestiría de cabeza a pie con buena ropa. A otra la llevaría en un viaje completamente pagado. También hay otro que tiene un buen instinto de negocios y me gustaría ayudarlo a desarrollar una pequeña empresa.»

La lista de cosas que a ella le gustaría hacer por los demás era larga y generosa. Su rostro mostraba una expresión de gran sinceridad mientras ella explicaba qué haría con esas riquezas. Ella demostró que entendía la verdad de que la felicidad viene al dar felicidad.

A un chico adolescente le hicieron la misma pregunta mágica: «¿Qué harías tú si fueras rico?»

«Mire señor, no lo sé. Pienso que antes que todo, yo le compraría a mi papá ese barco que él siempre quiso. Le compraría a mamá todos los electrodomésticos para la cocina y el lavadero así ella no tiene que trabajar tanto. En cuanto a mí, yo iría a una universidad grande y estudiaría electrónica.»

¿Acaso una declaración así no te da ganas de poder darle dinero a este muchacho ahora mismo para que él pudiera poner ese dinero a trabajar de esa manera tan maravillosa?

A un hombre sin educación le propusieron la misma pregunta de qué haría si fuera rico.

«¿Para qué quiero dinero?» respondió él. «Rasurarme y vestirme bien para comer, y juntarme con la gente rica y fina no es para mí. Yo estoy satisfecho así como soy.»

Para gente como él, este libro ofrece poca ayuda. Ellos lo leerían con temor de que algunas de las sugerencias tal vez les afecte y les haga cambiar su rumbo de vida relajado.

¿Por qué esta discusión acerca de las riquezas?

Como ya descubrirás antes de terminar de leer este libro, tú puedes ser rico—y de una manera mucho más simple de lo que jamás te hayas imaginado. Tú puedes hacerte rico en cualquier área que tú desees: rico en bienes materiales (dinero, casa); rico en poder personal y liderazgo; rico en amistades.

¿Por qué no decides hoy cuáles son las riquezas que te darían la felicidad que tanto anhelas?

27

Si has estado viviendo como un ciudadano común, ganando lo suficiente para suplir las necesidades básicas de la vida y con pocos lujos, tu interpretación de las riquezas tal vez sea limitada. Tener todas tus deudas pagas y unos miles de dólares en el banco podría ser una situación tan mejorada sobre tu presente actual que quizás te parecería tonto «soñar» por más.

¿Sabes que la habilidad de adquirir riquezas es un estado mental? Napoleon Hill, autor de *Piensa y hazte rico*, dijo: «Lo que la mente del hombre puede concebir y creer, es lo que la mente del hombre puede crear.» Piensa en esto por un momento. ¿Entiendes cuáles son las implicaciones? Digamos que tu mente concibe el siguiente deseo: «A mí me gustaría ser poderoso; me gustaría tener dinero—mucho dinero.» Si tu mente te imagina a ti con dinero y poder—y tú crees que realmente lo puedes tener— ¡cuidado! Ya estás en el camino correcto.

Cuando W. Clement Stone era joven, él se imaginó a sí mismo siendo la cabeza de una gran compañía de seguros. Él estaba convencido que iba a ser la cabeza. Empezando con menos de $100, él edificó un imperio comercial de seguros y multiplicó su inversión original de $100 para crear una fortuna personal de $100,000.000. En su libro *Success Through a Positive Mental Attitude*, escrito en colaboración con Napoleon Hill, él explica cómo lo hizo. El Sr. Stone siguió un plan muy simple, comprobando una vez más la eficacia del lema del Sr. Hill: «Lo que la mente del hombre puede concebir y creer, es lo que la mente del hombre puede crear.»

¡Hazte rico mientras duermes!

Hasta ahora no se ha dicho nada acerca del título provocativo de este libro. Es cierto que suena un tanto improbable, pero a medida que aprendas más sobre el funcionamiento de la mente, tú descubrirás que tu futuro—ya sea uno de éxito o fracaso—está formado en tu Mente Creativa (tu subconsciencia), un proceso que generalmente ocurre mientras duermes.

Se han publicado ciento de libros que tratan del mejoramiento personal, pero yo dudo que muchos hayan sido capaces de presentar una explicación comprensible del papel importante que tu Mente Creativa (tu subconsciencia) ejerce en tu vida.

La noción de la «mente sobre materia» implica que si tú crees en el éxito, tú tendrás éxito. Esto es cierto, pero ¿qué significa? ¿Realmente lo entiendes?

En una ocasión una mujer se me acercó para discutir alguna de mis teorías. Ella no estaba de acuerdo con mi declaración de que «nosotros primero debemos pensar en éxito antes de tener éxito.»

Ella me dijo: «Se requieren más fuerzas de las que yo tengo para seguir adelante con el esfuerzo necesario para apoyar mis pensamientos de éxitos y convertirlos en una realidad.»

Lamentablemente, ella no tenía la idea correcta y ella no es la única. La mayoría de las personas que están expuestas a las teorías del autodesarrollo mental piensan igual que ella.

Yo escribí un libro titulado *Developing the Urge for Self-Improvement* (Desarrollando el deseo de automejoramiento) en el cual yo explico que tras graduarse de la universidad o el colegio, la mayoría de las personas reconoce que su educación recién acaba de empezar.

Ellos entienden que es necesario tomar pasos adicionales para ensanchar sus conocimientos—y muchos de ellos lo hacen. Ellos compran libros y cursos para estudiar desde el hogar y hacen un esfuerzo noble por mejorar su conocimiento actual. Yo me pregunto cuánto bien derivarán de estos estudios adicionales ya que ellos lo están haciendo porque sienten que deben hacerlo. Sin embargo, si ellos pueden generarse una ansia por querer estudiar, ellos estudiarán porque sentirán entusiasmo con cada cosa nueva que aprendan.

Si tú estás intentando establecer un estilo de pensamiento basado en el éxito, asegúrate de que no sea algo que vaya en sentido contrario a tus tendencias naturales. Si tienes que disciplinarte para actuar o pensar de una forma que no es natural, tú dejarás de seguir el régimen. Se convertirá en una tarea aburrida y pensarás que «no es para mí.»

Por otro lado, una vez que hayas aceptado la idea de que eres un éxito, tu Mente Subconsciente te guiará a la clase de pensamientos y acciones que producirán éxitos. No tendrás que forzarte a ti mismo a seguir ciertos procedimientos; tú lo harás todo para seguir el plan de éxito de tu propia voluntad porque quieres hacerlo.

¿Qué apasionante, no? ¿Puedes seguir esperando para empezar a tomar los pasos que te liberarán de vivir al día con lo justo?

No, no estoy haciendo una digresión de lo que dije antes sobre «hacerte rico mientras duermes». Estoy incluyendo los puntos previos para dejarte claro que hacerte rico mientras duermes no es una fantasía; es sólo un fenómeno natural de la Mente Subconsciente.

Como ya he explicado en muchos de mis libros anteriores, nosotros tenemos dos mentes: la Mente Consciente y la Mente Subconsciente. La Mente Consciente se encarga de todos nuestros pensamientos y planificación. La Mente Subconsciente se ocupa de todas las operaciones involuntarias del cuerpo: la respiración, la circulación de la sangre, la restauración de tejidos gastados. Además de esto, también tiene poderes de razonamiento que son independientes de la Mente Consciente. Mientras la Mente Consciente está trabajando con un pensamiento, la Mente Subconsciente puede estar dedicándose a otra cosa diferente.

¿Alguna vez te has dicho a ti mismo: «Siento que debería hacer o no hacer esto»? ¿De dónde vino ese sentimiento? Ese sentimiento surgió de tu Mente Subconsciente.

Si ese sentimiento fue negativo, es porque tú has estado continuamente alimentando tu Mente Subconsciente con pensamientos negativos. Por suerte, lo opuesto también es cierto: los pensamientos positivos crearán reacciones positivas en tu mente.

Cuando te despiertas cada mañana, ¿cuál es tu tendencia regular? Acaso te despiertas pensando: «Bueno, otro día más de esfuerzo. ¡Cómo me gustaría poder volver a dormir una o dos horas más!»

O tal vez empiezas tu día con entusiasmo, diciendo: «Vaya, qué bien que me siento! Hoy voy a romper todos los récords.»

Por qué hay tanta diferencia entre los pensamientos que uno tiene al despertar?

¿Hay algo mal físicamente con la persona que empieza su día lentamente? (Quizá sea así en algunos casos raros). En la gran mayoría de los casos, sin embargo, la condición de uno al despertar es una reflexión de los pensamientos establecidos en su Mente Subconsciente durante la noche anterior.

Si tú te acuestas a dormir pensando: «Hoy fue un día duro, y mañana no aparenta ser mucho mejor. No tengo ganas de ir a trabajar» —ya estás preparándote para pasar una noche sin descanso. Tu Mente Subconsciente se pondrá a preocuparse con pensamientos del día difícil que tú le diste antes. ¿Te sorprende entonces despertarte con ansiedad hacia el día que tienes por delante?

Supongamos que tú te acostaras con estos pensamientos en su lugar: «¡Hoy fue un gran día! Mañana parece que será aún mejor. Me voy a acostar, dormiré bien toda la noche y me despertaré temprano, ¡con ganas de empezar el nuevo día!» ¿No es fácil entender cómo una forma positiva de pensar te hará saltar de la cama con una anticipación entusiasmada?

Ahora ya debería haber un rayo de luz que está empezando a penetrar la nube de incertidumbre que encontraste después de haber visto el título por primera vez: «Enriquécete mientras duermes.» De hecho, ¿no has comenzado ya a entender que la única manera de desencadenar la consciencia de éxito es mientras duermes?

Cuando un pensamiento poderoso entra a mi consciencia, yo siento un pequeño «cosquilleo» en el plexo solar (la boca del estómago.) Incluso ahora mientras vuelvo a leer este capítulo, yo notó la misma reacción física. Aunque los pensamientos expresados en este libro son míos e incluso con todo lo que yo estoy logrando, aún me queda un largo camino por recorrer para cumplir mi potencial.

¿Cómo te sientes?

¿Ya has notado ese «cosquilleo»? ¿Ya sabes ahora que esa contraseña mágica «abre sésamo», que te abrirá las puertas hacia una vida de gran abundancia y una alegría gloriosa, es tuya? Si no sientes ese «cosquilleo», entonces no te has estado concentrando. Por lo tanto, toma un momento para relajarte. Después vuelve a leer este capítulo una vez más antes de avanzar al siguiente.

De hecho, no sería una mala idea volver a leerlo de todas formas. Esa será una buena manera para darle un buen comienzo a la nueva vida que te está esperando.

CAPÍTULO 2

DORMIR:
CÓMO DISFRUTAR DE UN DESCANSO TRANQUILO

YA QUE ESTAMOS HABLANDO sobre el tema de «Enriquecerte mientras duermes», no sería mala idea incluir en nuestra discusión maneras y medios para conseguir sueño reparador y tranquilo.

Una mayor parte de las personas se quejan de lo difícil que es dormir bien de noche. Algunos dicen que se duermen de inmediato, pero luego se despiertan y quedan despabilados por un largo rato antes de volver a dormir. Otros descubren que necesitan una hora o más para poder dormirse.

Dado que tú estás aprendiendo que la Mente Subconsciente funciona mejor cuando la Mente Consciente está en reposo (o mientras tú duermes), tiene sentido desarrollar el hábito de acostarte temprano y dormir tranquilamente toda la noche. Este capítulo te mostrará lo fácil que es hacer esto.

Por lo general, la falta de sueño es un producto de malos hábitos en cuanto a horarios de descanso. Dar vueltas en la cama por largos periodos de tiempo es algo que suele ser más psicológico que fisiológico. Sin embargo, si tú tienes dificultades para dormir, primero debes consultar con un doctor para saber si es algo mental o alguna aflicción física que te está dejando despierto. Si es lo primero, este capítulo será muy útil para ti. Si es lo segundo, sigue las recomendaciones de tu doctor. Por lo tanto, los pensamientos y las sugerencias que yo compartiré contigo estarán basadas en la suposición de que tú estás bien de salud.

La mayoría de ustedes probablemente no estarán interesados en aprender acerca de la psicología del sueño. Tú quieres aprender cómo dormir y descansar con tranquilidad, así que yo no hablaré de este tema desde un punto de vista psicológico.

Hay un refrán que dice «descubrir una falla es la mitad de la solución» y yo estoy de acuerdo con eso. Empecemos entonces meditando sobre algunas de las causas de la falta de sueño:

1.- **Preocupación.** Este es quizás el enemigo número uno del sueño. Tú te preocupas por tus finanzas, por tu salud y por la de tu familia, por tus trabajos o negocios. Tú te preocupas por las guerras y los rumores de guerras. Tú interpretas sonidos como ladrones. Tú te preocupas por la impresión que dejaste o no dejaste con personas con las cuales tuviste contacto reciente.

Solución: Se razonable. Preocuparte no cambiará nada. Una noche sin dormir te robará las fuerzas que necesitas para luchar contra las cosas que te preocupan.

«La mayoría de las preocupaciones son una mentira,» escribió un gran filósofo. «Las cosas que te preocupan rara vez suelen materializar» añadió. Recuerda algunas de las muchas cosas que te preocuparon en el pasado y estarás de acuerdo con este hombre sabio.

Mientras consideras las fórmulas fascinantes presentes en este libro, tú verás que las cosas que preocupan en realidad no deberían hacerlo. Considéralas desafíos y oportunidades para crecimiento a medida que descubres soluciones para tus problemas.

Esta noche (y cada noche de aquí en adelante), en vez de preocuparte, acuéstate con el siguiente pensamiento en mente: Mientras duermo, mi Mente Subconsciente encontrará una solución para mi problema. Mañana, ella me guiará para tomar los pasos que eliminarán las cosas que me están causando ansiedad.

Cuando tú te preocupas, tú estás archivando imágenes de cosas que no quieres en lugar de cosas que sí deseas. Es por eso que cuando te acuestes a dormir, visualiza la situación ideal que estás buscando, no la situación actual. Recuerda: tu Mente Subconsciente no tendrá la oportunidad para trabajar con tu problema hasta que no estés durmiendo.

2.- Viviendo con tu trabajo. Muchos de ustedes se llevan su trabajo a la cama. Tú pasas horas reviviendo el día que acaba de terminar, pensando en las cosas que hiciste—pero no deberías haber hecho—y las cosas que no hiciste y deberías haber hecho. Después de pasar horas sin descanso con el pasado, luego cambias al presente, pensando en las cosas que harás o no harás.

Solución: Antes de ir a la cama, toma unos minutos para repasar tu día. Si descubres que algo te está molestando o algo que no te deja satisfecho, piensa de una solución que puedes intentar el día siguiente. Si una resolución rápida no es posible, utiliza tu Mente Subconsciente. Ella no necesita descansar, así que haz que ella trabaje para ti mientras tú duermes. Una noche buena de descanso te permitirá amanecer refrescado y listo para empezar un gran día lleno de logros.

3.- Celos. Es realmente triste cuántas horas de sueño este monstruo de ojos verdes le ha robado a tantas personas.

Horas sin dormir que están llenas de miseria. Tú das vueltas y vueltas mientras imaginas que alguien te quitará tu alegría y seguridad.

Solución: Los celos suelen indicar una de dos cosas: egoísmo o inferioridad. Cuando te retires a descansar, recuerda que el descanso reparador y refrescante te dará la gracia que te hace no temer a la competencia. ¡Recuérdalo! Mientras más confíes en los demás, más de esa confianza será merecida.

4.- Envidia. Después de enterarte de la buena suerte de un amigo o un pariente, muchos de ustedes se quedan despiertas por un largo rato preguntándose por qué nunca les llega ese tipo de suerte a ellos. Tú sientes envidia de aquellos que tienen mejores trabajos, mejores hogares o mejores automóviles.

Solución: La envidia es un sentimiento negativo. Es algo que básicamente indica que tú dudas de tu habilidad para poder obtener el objeto de tu envidia.

Este libro te está dando reglas que son sorprendentemente simples y te permitirán conseguir lo que quieres en la vida. Por lo tanto, en lugar de envidiar a los demás por lo que tienen, reconoce que tú también puedes gozar de lo mismo—o algo aún mejor.

5.- Consciencia culpable. Una consciencia culpable no siempre indica que tú hayas cometido algún crimen o falla de conducta. Tu consciencia puede molestarte si tú piensas que has sido negligente hacia tus seres queridos o si sientes que no has intentado mejorar tu cuerpo.

Solución: una consciencia culpable es causada por algo que ocurrió en el pasado. Nosotros no somos capaces de revivir ni un sólo día del pasado, así que olvídalo. Haz la decisión de perdonarte a ti mismo por los errores de tu pasado—y saca provecho de ellos—para que no los vuelvas a repetir en el futuro. Acuéstate con una canto de júbilo en tu corazón por causa de tu determinación hacia el futuro.

6.- Pereza. Esto te hace perder sueño en dos maneras: te quedas sopesando por las oportunidades que has dejado pasar de largo por causa de tu pereza o te quedas pensando en cómo evitar hacer las cosas que deberías estar haciendo.

Solución: No existe tal cosa como la pereza física; toda la pereza es mental. Cuando tú no tienes ganas de hacer cierta clase de trabajo, es porque no te interesa; es algo que te aburre. Yo te recomiendo que aprendas a querer lo que tienes que hacer; decide hacerlo mejor que nunca antes. Si la pereza es uno de tus defectos, acuéstate con la promesa de que encontrarás algo interesante acerca de todo lo que debes hacer. Y luego promete que disfrutarás hacerlo bien.

7.- Odio. Muchos estudios se han llevado a cabo sobre el sueño y las causas del desvelo. Alguien observó que si tú eres una persona con odio en tu corazón, tú jamás dormirás tan bien como alguien con una mente en paz. Te resultará difícil irte a dormir; cuando por fin logras dormirte, estarás tenso y con poco descanso.

Solución: El odio es como un veneno que ataca tu cuerpo y tu mente. Si sólo supieras el daño que te haces cuando odias, tú no permitirías que esta emoción te controle. Recuerda: el odio nunca daña al odiado, sólo al que odia.

En una ocasión, un hombre me hizo algo que me dejó muy enojado. Yo me acosté en la cama y quedé despierto por dos o tres horas pensando en esa acción que generó ese odio. Después de participar en este «himno de odio» por parte de la noche, yo entendí que esto sólo me estaba dañando a mí. Incluso me hice la siguiente pregunta: «¿No estaría contento ese hombre sabiendo que él me está haciendo quedar despierto?» En otras palabras, yo le estaba permitiendo que él me siguiera hiriendo. Sabiendo muy bien lo inútil que era quedarme despierto odiándolo, yo de hecho oré por él para que fuera bendecido y guiado a tratar bien a los demás. Esta acción disolvió mi odio. Pude dormir bien y en la mañana me desperté simpatizando con este hombre en vez de odiarlo.

8.- **Planificando de antemano.** Esta es una de las dos causas positivas de la falta de sueño. Las personas progresivas y pasan muchas horas (muchas de las cuales deberían ser horas de descanso) haciendo planes para su futuro. Por más admirable que esto pueda parecer, tu cuerpo necesita dormir. Si tú no duermes, tu cuerpo no puede funcionar correctamente. Si tú desarrollas una condición física debilitada, tendrás problemas haciendo las cosas que planificaste.

Solución: Cuando hagas planes para el futuro, ¿por qué no aprovechas la inteligencia y el poder contenido dentro de tu Mente Subconsciente? Acuéstate a dormir con el siguiente pensamiento en mente: «Mientras yo duermo, mi Mente Subconsciente tomará de mis experiencias para formular acciones prácticas y progresivas para el futuro. Anticipo mi continuo crecimiento y logros.» O puedes, si deseas, ser más específico en cuanto a tu futuro. Si tienes un objetivo definitivo, inclúyelo en la instrucción a tu Mente Subconsciente al tiempo de acostarte: «Mientras yo duermo, mi Mente Subconsciente me guiará por los pasos correctos que debo tomar para conseguir la mejor distribución de mi producto.» (nombre del producto)

9.- **Creando.** La Mente Creativa, concentrándose en diseños patentables, conceptos para libros o ideas para nuevas pinturas, suele estar más activa durante las horas de descanso. Este parece ser el tiempo cuando se producen las mejores ideas.

Solución: Lo que yo te recomendé en la sección de *Planificando de antemano* también es aplicable aquí. Durante las horas que estás despierto, tú sólo estás usando una pequeña parte de tu mente. Pero cuando te permites deslizarte hacia un sueño profundo y después de haberle suplido las instrucciones necesarias a tu siervo fiel (la Mente Subconsciente), es ahí que tú utilizas todo tu potencial mental.

Yo escribo mejor de mañana. Cuando me retiro a la cama, yo me digo a mí mismo: «Esta noche dormiré tranquilamente y mi Mente Subconsciente desarrollará un buen tema para mi columna en el periódico. En la mañana, mientras yo escriba, los pensamientos fluirán y me permitirán escribir un buen artículo con puntualidad.» Muchas veces suele ocurrir que cuando empiezo mi día, yo no tengo la menor idea de cuál será mi tema. Pero ni bien me siento a escribir, las ideas comienzan a entrar a mi consciencia y siguen haciéndolo hasta que el artículo está escrito.

10.- Temor a la muerte. Por último, si bien no menos importante, está el temor hacia la muerte. Si la salud de uno no es buena, uno teme morir por causa de alguna enfermedad. Esa persona tal vez tenga miedo de morir en un accidente, en un avión, tren o automóvil, o quizás hasta siendo un peatón. De noche, cuando todo está oscuro y uno siente soledad, uno empieza a darle cabida a esa clase de temores.

Solución: Ama la vida. No le tengas temor a la muerte. Yo no conozco a nadie que pueda amar más a la vida que yo mismo. Mi vida familiar es feliz y mi salud es buena. Mi futuro es cada vez más prometedor. Yo no le dedicó ni un solo pensamiento al día en que moriré.

El temor a la muerte hace que la muerte se apresure. Cuando sientas dolores y molestias, ve al doctor. Busca la causa. No te quedes despierto toda la noche preguntándote si te vas a morir. Vive tu vida como si tuvieras 125 años de vida garantizados. Así, sin importar cuál sea tu edad, tú serás joven en comparación a la edad que te has propuesto para ti mismo.

Elimina el temor a la muerte y eliminarás a una de las causas comunes de la falta de sueño.

Los problemas, temores y preocupaciones se magnifican grandemente durante la noche. Con los ojos cerrados—y en una habitación oscura—toda tu atención está enfocada en lo que te está manteniendo despierto. Durante el día y con los ojos bien abiertos, las cosas que te robaban el sueño pierden mucha importancia tras ser comparadas con todo lo que te rodea.

Hay muchas personas que de hecho se preparan para una noche sin poder dormir. «Oh, cómo lamento irme a dormir,» se lamentan. «Ya sé no voy a dormir.»

Tú que estás leyendo este libro sabes que albergar ese tipo de pensamientos es lo mismo que instruirle a tu Mente Subconsciente que te mantenga despierto—instrucciones que ella obedecerá. Debes esperar con entusiasmo la hora de dormir. Piensa qué bien se sentirá ponerte tus pijamas favoritos y subirte a la cama; qué maravilloso será estirarte y relajarte sobre un colchón cómodo. Al poco tiempo estarás durmiendo, recobrando fuerzas y energía.

El café suele ser culpado por causar desvelo y falta de sueño, y en la mayoría de los casos, no es cierto. Algunos dicen que los efectos estimulantes del café desaparecen dos horas después de ser ingerido. Si tú cenas a las seis de la tarde, para las ocho el efecto del café ya debería desaparecer. Sin embargo, la mayoría de las personas, aunque no se acuesten hasta las diez o más tarde, se quejan de no poder dormir «porque saben que el café los iba a mantener despiertos.» Esta falta de sueño es psicológica y no se debe a la bebida.

Hay algunas cosas que tú puedes hacer para dormir mejor. Asegúrate de que tu cama este posicionada de tal manera que las luces de afuera no caerán sobre tu rostro. Fíjate que tu cama no esté cerca de corrientes de aire, pero mantén tu habitación bien ventilada. Si vives en un vecindario con bastante ruido de calle, aprende a aceptar los sonidos. Si los detestas, no vas a poder dormir. «No puedo dormir con semejante barullo,» tal vez dirás. Para ahora ya sabrás que una declaración así representa una instrucción literal a tu Mente Subconsciente para que esta te mantenga despierto. Aprende a ser indiferente hacia muchos sonidos y al poco tiempo te olvidarás de ellos.

Cuando yo era un hombre joven, yo dormí en una carpa en un campamento de minería ubicado cerca de un molino que operaba las 24 horas del día. El rugido de las máquinas trituradoras era ensordecedor. Pero yo me acostumbré tanto a ese sonido que cuando el molino dejaba de operar por alguna razón, el sonido me despertaba.

Cómo hacerte dormir a ti mismo

La idea que estoy por revelarte es una idea original (según yo sepa). Es tan interesante como lo es efectiva. ¿Alguna vez has observado que cuando estás en un salón oscuro, con tus ojos cerrados, tu campo de visión no es completamente negro? Es más similar a un gris, como el color de un pizarrón cuya tiza no ha sido borrada totalmente.

Si te relajas y centras tu atención en ese campo gris-negro, descubrirás muchos cambios que están ocurriendo. Algunas veces detectarás remolinos de colores cambiantes; otras veces distinguirás diseños geométricos: cuadrados, círculos o triángulos. Estos diseños y patrones aparecerán como líneas blancas delante del fondo oscuro.

Experimenta con esta pantalla mental por unas noches. Pronto podrás ver caras y hasta personas completas. Esto también te ayudará a quitar de tu mente las cosas que no te han permitido dormir.

Pero esta no es la fórmula completa para hacerte dormir.

Yo voy a adelantarme un poco y te daré parte del material que está presentado en el siguiente capítulo, pero yo creo que te ayudará a entender la manera más efectiva que yo he descubierto para hacerte dormir.

Cuando tengas ganas de dormirte, ya sea ni bien te acuestas o tras haberte despertado durante la noche, sigue estos simples pasos:

1.- Asegúrate que estés relajado y cómodo. Fíjate que tu ropa de cama no esté demasiado ajustada y que tus sábanas estén lisas.

2.- Dale las instrucciones correctas a tu Mente Subconsciente. (En el siguiente capítulo aprenderás acerca de la inteligencia de la Mente Subconsciente y cómo ella recibe instrucciones de la Mente Consciente y las lleva a cabo aunque sean buenas o no.)

Cuando yo me acuesto a dormir, yo converso con mi Mente Subconsciente como si esta fuera un ser viviente. Te daré un ejemplo de lo que yo le digo y luego te explicaré cómo funciona este mensaje:

«Estoy por irme a dormir. Cuando lo haga, yo estaré encargándote todos mis asuntos a ti. Mientras yo duerma, tú recibirás la información correcta para guiar mis acciones y pensamientos, para así yo poder manejar mis asuntos de manera favorable. Yo ahora estoy en la estación de tren esperando el tren del sueño que me llevará a la tierra de sueños felices. Mientras espero, yo me voy a entretener mirando e interpretando las imágenes que se proyectan delante de mis ojos. En la mañana me despertaré refrescado y lleno de entusiasmo para comenzar otro día exitoso.»

A medida que tú vayas aprendiendo más sobre la Mente Subconsciente, tú descubrirás que ella es la sede de la inteligencia. Con sus poderes de razonamiento independientes, ella puede solucionar tus problemas mientras tu Mente Consciente se ocupa de otras cosas.

Este es un pensamiento muy reconfortante. Mientras tú disfrutas de un descanso reparador, la inteligencia de tu Mente Subconsciente está encontrando una solución feliz para tus problemas.

Tal vez la idea de una estación de tren y un tren del sueño suene como algo infantil, pero qué importa? Todos nosotros somos nada más y nada menos que niños que han crecido. ¿Qué hay de malo en vivir en este mundo imaginado de tanto en tanto?

Ya que la mente humana no es capaz de pensar dos cosas a la vez, ni bien comiences esta rutina, tú te sentirás cómodo. Todos los pensamientos que te estaban molestando desaparecerán completamente. Por lo general, yo me duermo antes de que siquiera tenga una oportunidad para terminar las instrucciones mentales, y esto también te puede ocurrir a ti a medida que aprendes el funcionamiento de este sistema. Aunque no te duermas de inmediato, no te preocupes. Sigue observando los colores y las imágenes que te vienen llegando. Al poco tiempo Morfeo te llevará de la mano hacia la tierra de los sueños.

Una de las cosas lamentables acerca de leer libros es que son tan fáciles de obtener. Muchas personas sienten que no han perdido demasiado aún si los libros que compran no los han ayudado.

Por ejemplo, ¿cuánto te valdría a ti tener un método efectivo para hacerte dormir—rápidamente—que te duraría por el resto de tu vida? ¿$100? ¿$500? ¿$1.000? Una fórmula así no tiene precio, sin embargo ella es sólo una de las contribuciones que este libro te dará. Es más, recién estamos empezando.

¿Entiendes ahora que si eres capaz de pensar mientras lees, jamás hubo una acción en la historia de Wall Street que pudiera pagar semejantes ganancias?

Si no puedes esperar más, empieza el siguiente capítulo. Pero yo creo que te vendría bien hacer una pausa y reflexionar sobre las cosas valiosas que has aprendido en este mismo capítulo. ¿Estás de acuerdo?

CAPÍTULO 3

LA VERDADERA SEDE DE INTELIGENCIA

L A HISTORIA DE ALADINO y su lámpara milagrosa y anillo sin duda fue escrita por alguien que estaba deseando que sus propios deseos fueran realizados.

La mayoría de los seres humanos entretienen ilusiones, especialmente aquellos que sienten que la vida les está jugando una mala pasada. Aquellas personas con muchos problemas pensarán qué lindo sería irse a dormir y despertar con todos sus problemas resueltos.

¿Sería ridículo decir que esto está muy dentro de lo posible? De hecho, tú ya posees los recursos necesarios para convertir todos tus deseos razonables en realidad.

Si tienes grandes deudas, este poder dentro de ti puede guiarte hacia la libertad financiera. Si no estás contento con tu hogar, esta influencia te puede sacar de ahí y meterte en el «hogar de tus sueños.»

El tamaño de la fortuna que tú acumularás depende completamente del poder personal que tú ejerces. Funciona de la misma manera que el acelerador de tu automóvil: mientras más presión le apliques al acelerador, más rápido irás.

Sin importar si tu idea de riquezas es $50.000, $100.000 o más de un millón, tú tienes el poderío mental para conseguir esa cifra.

Si tienes dudas con respecto a esta declaración, hazte la siguiente pregunta: «¿Cómo hicieron los millonarios para adquirir su dinero?» ¿Se lo regaló la suerte? ¿Era su destino adquirirlo? No, por supuesto que no. Esos magnates han estado usando su poder interno, aunque hayan sido conscientes de ello o no. Ellos no poseen nada que tú no tengas aparte de, quizás, el conocimiento de que ellos pueden hacer cosas importantes.

«Pero ellos tienen más educación que yo,» tal vez digas.

¡Qué tontería!

Había un hombre que vivía en Nueva York y contaba con poca educación. Él empezó trabajando como un fabricante de arnés, ganando un pequeño sueldo, pero terminó siendo dueño de dos rascacielos y varios edificios de apartamentos populares. Él estaba viviendo con lo justo hasta que se dio cuenta que él tenía una reserva de poder que era capaz de guiarlo hacia nuevas alturas.

Hace muchos años yo escribí un lema que es perfectamente apropiado para esta y otras situaciones similares. ¡Piénsalo!

«Un hombre puede arrastrarse por la vida por muchos años sin ningún logro a su nombre ... hasta que en algún momento ... e inesperadamente ... un pensamiento poderoso entra a su consciencia ... y un líder es creado.»

Recibir una educación es algo muy importante. Tú debes conseguir todo el conocimiento que puedas y asegurarte que tus hijos también reciban una buena educación. Pero no dejes que tu educación o tu falta de educación no te permita hacer de tu vida un éxito.

Uno de los vendedores más exitosos de una gran empresa en Nueva York tenía muy poca educación. Él usaba palabras de jerga cuando hablaba. Este hombre no le vendía a gente no educada; él le vendía a las cabezas de compañías. Como yo te explicaré más adelante en este capítulo, este vendedor no educado utilizaba las fuerzas contenidas en su Mente Creativa.

Un empresario en una ciudad grande estaba a punto de fracasar. A través de una serie de circunstancias desafortunadas, sus deudas acabaron excediendo sus bienes por casi $50.000.

Sus acreedores le amenazaban con acciones legales; de hecho, dos de ellos ya habían iniciado litigios en su contra. Las cosas pintaban tan mal para este hombre que la bancarrota parecía un fin inevitable.

Él estaba tan desanimado que lamentaba tener que ir a su oficina cada mañana, porque él sabía que le esperaban una ola de llamadas telefónicas de acreedores pidiéndole dinero y diciéndole lo que le ocurriría si no pagaba.

Un día mientras tomaba el tren a su casa, él leyó un artículo acerca de un hombre que había tomado un negocio casi en bancarrota y lo convirtió en una empresa exitosa. Una serie de pensamientos desafiantes entraron a la mente de este empresario en apuros: «Si ese hombre pudo dar vuelta una compañía casi en bancarrota y la hizo exitosa, ¿por qué no puedo hacer yo lo mismo con mí compañía?»

Sin darse cuenta de ello, nuestro amigo había despertado su mente creativa para que esta actuara. Él empezó a pensar en términos de yo puedo y yo lo haré. La mañana siguiente, él viajó rápido hacia la ciudad, entró por la puerta de su oficina y le pidió a su contador que le proveyera una lista completa de todos sus acreedores.

Uno por uno, él los llamó por teléfono. «Dame un poco más de tiempo y te pagaré todo lo que debo—más interés» les dijo él con un entusiasmo nuevo.

«¿Conseguiste un contrato grande?» le preguntó uno de sus acreedores más importantes.

«No, pero sí conseguí algo aún más importante» le respondió él. «Conseguí un estado mental nuevo que me va a ayudar a salir adelante.»

«Yo te creo. Lo puedo notar en tu voz. Sí, estamos contentos de poder cooperar contigo» dijo el acreedor, con una amabilidad genuina en su tono. Su voz, expresando un entusiasmo sincero, generó una respuesta favorable de cada acreedor que le había amenazado con acción legal. Con paz en su mente, él se concentró en su trabajo. Con su nueva actitud, no tuvo dificultades para obtener muchos contratos valiosos. Al poco tiempo, los registros de su compañía ya no mostraban tinta roja, sino cifras grandes de ganancias. En este ejemplo no ocurrió nada sospechoso; las condiciones comerciales eran las mismas. El cambio se llevó a cabo en la mente de nuestro empresario.

La MENTE SUBCONSCIENTE vs. la MENTE CREATIVA

A principio del siglo XIX, cuando los que estudiaban el comportamiento humano comenzaron a observar por primera vez el funcionamiento doble de la mente, el nivel mental que está debajo de la consciencia fue identificado como la Mente Subconsciente. La opinión en esos tiempos era que la mente consciente, con su capacidad para pensar, elaborar, planificar y razonar, naturalmente sería la mente maestra y que la otra sería subordinada a ella. Esto está lejos de la verdad.

Como estás por aprender, la Mente Subconsciente es la verdadera sede de la inteligencia y el poder. Nadie jamás tuvo o tendrá tanta inteligencia, de manera consciente, como todos nosotros tenemos en nuestra subsconsciencia.

El prefijo *sub* significa «inferior o por debajo de.» Una subestación de correos no es tan importante como la oficina principal. Si la Mente Subconsciente es la sede de inteligencia y poder, ¿por qué llamarla la Mente Subconsciente?

Yo creo que podemos utilizar un nombre más apropiado. Tus acciones y pensamientos están constantemente siendo guiadas por esta parte de la mente. De ti depende si estás siendo guiado hacia el éxito y la felicidad o el fracaso y la tristeza.

Ni bien desarrollas una consciencia de éxito, la Mente Subconsciente (o la Mente Creativa, como yo la llamo) te dirigirá hacia el éxito y la felicidad. Es por eso que yo pienso que Mente Creativa es un nombre más adecuado para la Mente Subconsciente y ese es el nombre que usaré de ahora en adelante.

Nuestra fuerza motriz mental

La siguiente es una descripción muy simple de la Mente Creativa y su relación con la Mente Consciente. Es la misma ilustración yo di por la radio en Nueva York en 1930 y la cual el difunto Alfred Adler consideró como la mejor descripción de la Mente Subconsciente que él jamás había escuchado.

Nosotros usaremos como ejemplo una fábrica grande. Como ya sabes, una compañía grande cuenta con un presidente y un gerente. Desde luego, también tiene muchos oficiales de nivel intermedio: vicepresidentes, secretarias, y tesorero. Para simplificar las cosas, nosotros sólo pensaremos del presidente y el gerente.

Digamos que la corporación en este ejemplo es una fábrica de automóviles. El presidente hace los planes; el gerente ejecuta los planes. Cuando la compañía está considerando sumar un modelo nuevo, el presidente determina qué tipo de cambios son necesarios. Estos cambios le son asignados al gerente. Él le da instrucciones a los diseñadores y los dibujantes para que estos hagan los planos, y después se construye un prototipo. La planta se prepara para crear los diseños nuevos y por último, un auto sale de la línea de montaje con todos los cambios que fueron aprobados originalmente por el presidente.

Este es un ejemplo perfecto de la relación entre la Mente Consciente y la Mente Creativa.

- La Mente Consciente es el presidente; la Mente Creativa es el gerente.

- La Mente Consciente se encarga del pensamiento, planificación y evaluación. La Mente Creativa lleva a cabo las órdenes.

Volvamos a asumir que un individuo está viviendo con lo justo. Él tiene comida en su mesa y paga su renta, pero no le sobra dinero para comprarse ropa nueva o entretenerse. De repente, un concepto poderoso entra a su mente. Él empieza a pensar en términos de *«Yo soy un éxito.»* Ahora qué pasa? El gerente (su Mente Creativa) acepta el pensamiento yo soy un éxito como una instrucción, un modelo nuevo ordenado por el presidente (su Mente Consciente). De la misma manera que el gerente de la planta automotriz le dio instrucciones a sus varias cabezas de departamentos, así también tu gerente (tu Mente Creativa) le empezará a enviar mensajes a sus asistentes a lo largo de tu cuerpo.

Tu gerente sabe que para ser un éxito, tu imagen debe reflejarlo. Él te infundirá con energía, pondrá alegría en tus pasos y entusiasmo en tu voz. Finalmente y sobretodo, tu Mente Creativa (gerente) dirigirá tus pensamientos; tú serás guiado para hacer las cosas que te harán próspero.

Hace unos años, un hombre vino a verme con la esperanza de que yo lo pudiera ayudar a encontrar un empleo. Su situación era bastante complicada. Él estaba atrasado con su renta, su teléfono estaba desconectado y su tienda estaba a punto de cortar su crédito.

Yo le pedí que repitiera la frase: *«Yo soy un éxito.»* Le dije que hiciera varias veces por las próximas 24 horas y especialmente antes de irse a dormir. A él le parecía ridículo, pero hice que prometa que lo haría.

La mañana siguiente él amaneció con entusiasmo para salir adelante y demostrar que él era un éxito. Él devoró su desayuno rápidamente para ahorrar cada minuto. Al salir de su casa, él camino con su pecho inflado y su cara en alto. Su actitud mental le dijo que tenía un mundo de oportunidades por delante y que podía escoger la más apropiada para él.

Pasando por una tienda, este hombre revitalizado vio un pequeño cartel en la vidriera que decía: *«Se busca un vendedor para la ferretería.»* Él miró el cartel por un momento y luego entró a esa tienda con determinación. Se dirigió al departamento de personal y habló con el gerente de recursos humanos. «No tengo experiencia vendiendo herramientas, señor, pero a mí me encantan las herramientas. Yo creo que puedo ocupar el puesto que está anunciado en la ventana.» La actitud confiada y valiente con la cual este hombre habló con el gerente inmediatamente dejó una buena impresión. Después de hacerle unas preguntas preliminares, el gerente le dijo: «Me gustaría darte una oportunidad para que me muestres lo que eres capaz de hacer. ¿Puedes empezar mañana?»

Esto ocurrió hace ya varios años. No obstante, este hombre llegó a ser gerente de su departamento y ganó un buen sueldo. Él se compró un hogar cómodo, manejó un auto nuevo y proveyó bien para su familia.

El holgazán común siente que el camino al éxito es largo y difícil. ¿Es así? El ejemplo de nuestro gerente de ferretería nos demuestra que esto no es cierto. El rumbo de la vida de este hombre cambió en tan sólo 24 horas. Después de que el patrón de éxito fue plantado en la mente Creativa de este hombre, él fue guiado por la Mente Creativa y se convirtió en un éxito.

¿Esto es una revelación para ti? ¿No te parece difícil creer que has estado viviendo tu vida deseando cosas sin realizar que a través de tu Mente Creativa no hace falta desear, y que de hecho ya tienes el poder para hacer tus sueños realidad?

Obtener éxito financiero no es el único uso para tu Mente Creativa.

Una mujer soltera se lamentaba por que no se consideraba atractiva para los hombres. Ella pensaba que estaba destinada a una vida de soledad.

Ella recibió instrucciones de concentrarse en este pensamiento: «*Yo soy atractiva para los hombres. Yo conoceré al hombre que haré feliz y me hará feliz a mí.*»

¿Qué piensas que pasó? Dentro de unas pocas semanas, ella conoció a un buen hombre y sólo cuatro meses más tarde, ellos se casaron. Según lo último que supe de ellos, ellos estaban realmente contentos.

Las historias de este tipo tal vez te hagan creer que yo estoy compartiendo relatos exagerados, pero no es así. Es simplemente otro ejemplo de lo que la Mente Creativa puede hacer por ti cuando tú le ordenas que lo haga. Esta mujer no había sido lo suficientemente amable y su egoísmo no le había dejado pensar en nadie más que sí misma.

La Mente Creativa, que como tú sabes cuenta con capacidades de razonamiento independientes e la Mente Consciente, guió a esta mujer para ser más amable y menos egoísta. Una actitud amable es fácil de percibir y a los hombres les gusta la compañía de mujeres amables. Y así es. Ella conoció a un hombre que al poco tiempo se enamoró de ella. A medida que pasaron tiempo juntos, su generosidad hacia él le hizo empezar a creer en una vida juntos. Ellos se casaron y yo estoy seguro que vivirán contentos de aquí en adelante.

Por quince años yo trabajé como presentador de radio. En San Francisco yo tuve un programa de media hora que estuvo en el aire por diez años.

Una audiencia generalmente se cansaría rápidamente de escuchar el mismo programa de media hora presentado por la misma persona, cada día de la semana. Pero eso conmigo no ocurrió. Muchos oyentes me escribieron diciéndome que estaba «mejorando cada vez más.» Yo no soy ningún hombre de milagros; no hice cualquier cosa que tú no eres capaz de hacer. Yo fui responsable por el 70% de toda la correspondencia que llegó a la estación de radio porque yo aproveché al máximo mi Mente Creativa.

En esa época, el libreto para un programa de media hora requería por lo menos catorce páginas impresas. Yo usaba una sola página de notas muy breves. Es decir, prácticamente todo el programa era improvisado; yo tenía que seguir hablando sin interrupciones.

Cada día, antes de salir al aire, yo me repetía la siguiente frase:

«Esta transmisión será la mejor de todas las que he dado.» Y así terminaba siendo.

Inmediatamente después de saludar a mis oyentes, los pensamientos comenzaban a fluir y lo seguían haciendo hasta que el reloj me indicaba que era tiempo de despedirme.

Mis editores me comentan qué pocas correcciones tienen que hacer en mis manuscritos. (Los autores a veces tienen que reescribir porciones enteras de sus libros antes de publicarlos.) En mi libro *I Will,* yo no tuve que reescribir ni una sola página. Yo no me estoy jactando; yo no soy mejor que tu. Simplemente estoy aprovechando una fuerza que todos tenemos en común. Yo estoy utilizando la Mente Creativa que siempre está lista y dispuesta para guiarme.

Antes de sentarme delante de la máquina de escribir, yo hablo con mi Mente Creativa. Usualmente digo algo como: «Yo estoy siendo guiado por los pensamientos que harán que este libro sea útil para todos los que lo leerán.» Después y como si una voz en mi interior me estuviera dictando, los pensamientos empiezan a llegarme.

Te pido que por favor no leas estas líneas y digas: «Eso suena bueno. Algún día lo voy a probar.» Esas palabras «algún día» son malas palabras—son palabras no definidas. Tú puedes decir que algún día harás algo y si no lo haces, todavía estarás diciendo la verdad. En vez de algún día hacer algo—¡hazlo ya!

Tú nunca conocerás el poder de tu Mente Creativa hasta que no la utilices. Dale una oportunidad para mostrarte de lo que es capaz. Ella está esperando tus ordenes en este mismo momento.

No trates tu Mente Creativa con negatividad. No te digas a ti mismo: «Voy a probar para ver si funciona para mí.» La palabras «probar» y «ver si funciona para mí» expresan dudas. Tú no pruebas hacer cosas cuando ya sabes que las puedes hacer—tú simplemente las haces.

Piensa en algo bueno que a ti te gustaría que ocurra. Supongamos que mañana tienes que tomar una decisión importante. Por ahora tú estás en un dilema; tú no sabes cuál rumbo debes tomar. Ahora mismo, empieza a enfocarte en este pensamiento: «Con respecto a la decisión que debo tomar, yo voy a ser guiado para tomar los pasos que beneficiarán a todos de la mejor manera.» Repite esto varias veces, especialmente antes de acostarte esta noche. Cuando llegue el momento de tomar esa decisión, tú ya sabrás qué hacer. Te asombrarás con la lógica y la solidez de tus pensamientos y opinión.

No te detengas. Asigna otra tarea a tu Mente Creativa. Es imposible darle demasiado trabajo. Como un automóvil que siempre está listo para servirte, la Mente Creativa está esperando tus instrucciones.

Recuerda esto: tu Mente Creativa nunca está en reposo. Está trabajando para ti o en tu contra. Es por eso que tiene sentido hacer que ella siga trabajando para ti.

¿Y qué de la salud?

Las células de tu cuerpo poseen inteligencia y eso es una parte muy importante de tu Mente Creativa. Nosotros empezamos este capítulo refiriéndonos a la Mente Creativa como la sede de la inteligencia. Ella acepta los pensamientos de la Mente Consciente como instrucciones y actúa sobre ellas. Tú ya has aprendido que la Mente Creativa cuenta con capacidades de razonamiento independientes de la Mente Consciente. No importa si los pensamientos son positivos o negativos; esos pensamientos serán implementados.

Esto también te afecta físicamente. Tu Mente Creativa está en contacto con cada célula en tu cuerpo. Por lo tanto si ella recibe un pensamiento negativo (por ejemplo, Hoy no me siento bien), ella aceptará ese pensamiento como una instrucción y enviará el mensaje correspondiente. A medida que pasa el tiempo, verás ese pensamiento reflejado en tu cuerpo. Empezarás a sentir languidez; tus ojos perderán su brillo; tendrás una actitud de no sentirte bien. Por suerte, lo opuesto también es cierto. Si tú desarrollas una actitud de sentirte bien, esa instrucción será recibida y transmitida y te sentirás bárbaro.

Hace unos años, una clínica de Nueva Orleans publicó un estudio declarando que 74 de los 500 pacientes admitidos al departamento de enfermedades gastrointestinales en realidad estaban sufriendo de enfermedades inducidas emocionalmente. En 1951, un estudio del departamento médico de una universidad en el este de los EE.UU. indicó que el 76% de los pacientes que visitaban la clínica sufrían de enfermedades que habían sido inducidas emocionalmente, también conocidas como síntomas psicosomáticos.

Si las aflicciones de 76 de cada 100 personas eran inducidos mentalmente, ¿no podemos deducir razonablemente que también se puede inducir mentalmente un sentimiento de estar alegre con la vida? ¡Por supuesto que sí!

A medida que tú vayas experimentando y comprobando la efectividad de la Mente Creativa con tu salud, prosperidad y alegría, aprende cómo ella puede sumar a tu salud al darle las instrucciones correctas.

Piensa lo siguiente: «Yo estoy guiado en pensamientos y acciones para hacer las cosas que conducirán a una salud mejorada. Mi Mente Creativa—estando en contacto con cada célula de mi cuerpo—establecerá un patrón de salud que me hará sentir mejor, lucir mejor y ser mejor.»

Repite esta declaración varias veces antes de irte a dormir y al día siguiente observa cuánto has mejorado.

No subestimes la importancia de este capítulo. A mí me alegraría si tu entusiasmo por este capítulo te motiva a volver a leerlo antes de proceder hacia el siguiente.

CAPÍTULO 4

EL SER HUMANO ES UNA MENTE

UN JOVEN LE DICE a una señorita: «Tú eres una chica muy dulce.» ¿Qué quiere decir él con esto? ¿Está diciendo que su forma de ser física y sus rasgos representan dulzura? ¿Serán su sonrisa y su expresión las que causaron esa declaración? Yo creo que no.

La mente es lo que refleja dulzura—o un sentimiento opuesto.

Una persona *dulce* es alguien cuya mente le hace ser generoso, comprensivo, simpático, amable y servicial.

Cuando nosotros pensamos que alguien tiene una personalidad magnética, naturalmente asociamos esa personalidad con su ser físico y visible; no obstante, esto no es correcto.

Hay mujeres hermosas con personalidades tan malas que en realidad son repulsivas. Hay mujeres con rasgos comunes, pero cuyas personalidades son tan magnéticas que ellas resultan ser dulces y encantadoras.

¿Cuál es la diferencia entre estas mujeres? Todo tiene que ver con la mente. La segunda piensa en términos de dar, pero la primera piensa sólo en recibir.

Digamos que hay dos hombres que son muy parecidos desde un punto de vista físico. Uno de los hombres es un buen empresario. Él gana dinero y ahorra una parte. El otro vive con lo justo. Él gana un pequeño sueldo y gasta cada centavo.

Cuál es la diferencia entre estos dos hombres? Todo tiene que ver con la mente. Uno piensa en términos del buen sentido en los negocios e inversiones. El otro hombre piensa en términos de ganar un sueldo sólo para el placer de poder gastar.

Podría darte muchos otros ejemplos. La única diferencia entre un escritor y alguien que no escribe tiene que ver con su mente. Uno *sabe* que él puede escribir; el otro está seguro que no puede.

No existe una diferencia física y tangible entre el éxito y el fracaso; es un estado mental. Uno se ve a sí mismo como un fracaso; el otro *sabe* que él es un éxito.

Estas comparaciones demuestran que la parte más importante del ser humano es su mente. Tu mente te hace quien eres—ya seas bueno o malo.

Cuando tú usas el pronombre personal «yo», tú no te estás refiriendo a tu persona física y corporal, sino a tu ser mental. Si tú dices «Estoy contento» no hay nada en tu ser material que pueda estar contento. Por supuesto que hay una respuesta física al hecho emocional de tu felicidad: labios que forman una sonrisa, el cuerpo que tiembla con risas. Esas reacciones físicas no ocurrirán a menos que la alegría y el gozo estén en tu mente.

Si yo digo: «Tú eres una persona encantadora» yo no me estoy refiriendo a tu piel y a tus huesos. Yo me estoy refiriendo a tu mente.

Tú eres lo que tú piensas que eres es una declaración que encontrarás en casi cada uno de los libros que yo he escrito. Entiendes lo que eso significa? Tú no eres tú por tu altura, tono de piel, o peso. Esto significa que el tú que a la gente le cae bien o mal es una reflexión de tu mente. Tú no tienes porque estar amargado, padeciendo y lamentándote; tú puedes ser exitoso. Dentro de esa gran mente tuya está el poder y la inteligencia para guiar tu vida hacia cualquier dirección que tú quieras.

Considera algunos de los logros monumentales del ser humano: trenes, barcos, aeronaves. Las locomotoras de hoy pueden mover muchos vagones de tren, viajando a velocidades de entre 50 millas por hora (trenes de carga) hasta 200 millas por hora por hora (trénes bala); sin embargo, son controladas por una sola persona—el ingeniero. ¿Me puedo atrever a decir que están siendo controlados por la mente de este individuo? ¿Y en el caso de los barcos: cruceros, buques de carga y buques de guerra como los portaaviones? Todos estos son guiados por una sola persona. Desde luego que ellos tienen sus ayudantes, pero hay una sola mente maestra. Esos aviones gigantes que transportan varias centenas de pasajeros más equipaje y correo también son manejados por un piloto. Todos estos avances tecnológicos fueron concebidos en la mente de un individuo. Ellos tuvieron que ser creados antes de poder ser navegados.

Supongamos, entonces, que yo te digo que tú tienes una reserva enorme de poder (la mayor parte de la cual está sin usar) dentro de tu ser mental. Es más, supongamos que de la misma manera que el piloto vuela el avión, el capitán dirige el buque y el ingeniero maneja el tren, así también tu Mente Consciente puede manejar tu Mente creativa para que esta te guíe hacia cualquier dirección que tú elijas: salud, prosperidad y felicidad.

El ser humano es una mente con un cuerpo

Una de mis innumerables bendiciones es una mente curiosa. Yo seguramente debo haber nacido bajo un símbolo de pregunta.

Los adverbios *cómo, por qué, cuándo* y *dónde* son las palabras más utilizadas en mi vocabulario.

Cuando yo aprendí a manejar un auto (antes de la época de transmisiones automáticas), yo no me conformé con saber cómo mover la palanca de cambios. Yo insistí en desarmar la caja de cambios para así poder ver qué ocurría cuando se efectuaba un movimiento en la palanca.

Yo siempre he sido así. ¿Por qué funciona? ¿Cómo funciona? Estas son las preguntas que siempre estoy haciendo.

Hace algunos años, mientras cenaba con un amigo, nosotros conversamos sobre un tema interesante: los misterios del hombre. Nosotros hablamos acerca del poder de la mente y como ella dirige cada célula en el cuerpo. Hablamos sobre el hecho de que si uno le quitase la mente a un ser humano, lo único que quedaría sería una colección de carne y hueso. Fue entonces que me llegó una gran revelación: el hombre es una mente con un cuerpo.

Hasta ese momento, yo siempre había visto al ser humano como un cuerpo con una mente. Piensa en esto por un minuto, porque es un punto importante que debemos entender. Tú eres una mente con un cuerpo. Tu cuerpo es sólo un recipiente para tu mente— esa mente eres tú.

Tus piernas te proveen movilidad. Tus brazos cumplen las muchas tareas que le son asignados por tu mente. Los alimentos que tú comes abastecen tu «motor.» Tu boca actúa como un «embudo» para tu comida y como un portavoz para tu sistema de comunicación vocal. Tus ojos te guían y tus oídos son receptores para tu sistema de comunicación.

Tu cuerpo tiene una doble función: mantenerse vivo y en funcionamiento, y llevar a cabo las órdenes de la mente.

Criaturas de hábitos

Aunque estoy adivinando, yo me atrevería a decir que por lo menos el 95% de todo lo que tú haces está guiado más por tus hábitos que por tu intelecto. Cuando te despiertas cada mañana, tú te vistes sin pensarlo, ¿no? Si eres hombre, cuando te rasuras, no piensas sobre cómo sostener la máquina de afeitar; tú simplemente lo haces mientras tu mente se concentra en el día que está por comenzar. Mientras desayunas, tú no piensas sobre cómo usar los utensilios; tú comes sin pensar en los detalles mecánicos de comer. En el trabajo, tú no oprimes las teclas individuales del teclado de tu computadora; tú simplemente escribes. Tu mente se enfoca en la información que estás manejando, porque tu Mente Creativa guiá tus dedos. Cuando manejas tu auto, tú no estás pensando de manera consciente acerca de ello. El uso del volante, frenos, acelerador y bocina está regulado por la Mente Creativa.

Cuando aprendes algo nuevo, tú empiezas despacio porque tienes que pensar sobre lo que estás haciendo. Una vez que la Mente Creativa se encarga de eso, tú comienzas a hacerlo más rápidamente y con más precisión. Después de esto, esta técnica nueva (habilidad) se convierte en hábito y es ahí cuando aprendes a hacerlo bien; te haces competente. Si no estás contento con el estado presente de tu vida, lo único que debes hacer es empezar a formar hábitos que se conforman a la vida que quieres tener. Los hábitos no se forman de manera instantánea. Horace Mann dijo: «El hábito es una soga; nosotros tejemos un hilo nuevo cada día, hasta que por fin no la podemos cortar.»[2] Esto solamente es cierto si nosotros permitimos que sea cierto. Los hábitos sí pueden ser cortados si nosotros nos proponemos cortarlos.

---

2 Horace Mann era un político americano y educador, conocido como un abogador por educación pública y preparación normalista para maestros (http://www.biography.com/people/horace-mann9397522), accedido el 12 de febrero, 2016.

Si tu cuerpo está fuera de forma, un entrenador personal te puede enseñar cómo ejercitar para sumar músculos. Sin embargo, no basta con simplemente mostrarte cómo hacerlo. Tú debes seguir sus instrucciones por varias semanas antes de poder notar los cambios.

Si tú vives una vida infructuosa, sin alegría y andas siempre con quejas y lamentos, esto es porque tú estás siendo guiado por hábitos que hacen de eso una realidad. Tú te consideras un fracaso, sin derecho a gozar de éxitos; tú crees que estás destinado a ser infeliz. La consecuencia natural de esta clase de pensamientos es un cuerpo plagado con dolores, aflicciones y más remordimiento.

Un amigo mío—un hombre muy exitoso—me contó una historia.

«Un comentario casual acerca de mí, que yo debería haber escuchado, cambió toda mi vida» me explicó este amigo.

«Yo siempre he sido un holgazán, haciendo lo mínimo para vivir con lo justo» él admitió, «pero yo siempre me jactaba de las cosas grande que iba a hacer.»

«Un día, yo escuché un comentario de un hombre que yo consideraba ser un amigo. Él le dijo a otra persona: "José es un tipo bastante bueno, pero es un soñador vago. Él siempre va a hacer algo, pero nunca hace nada."»

«Ese pensamiento de ser un soñador vago fue lo que me inspiró a cambiar. Yo decidí en ese mismo momento demostrar que yo no era un soñador vago.»

Mi amigo cambió su forma de pensar. El pensamiento de ese «soñador vago» siguió motivándolo hasta que él creó una imagen nueva de sí mismo. Él empezó a verse a sí mismo como un hacedor en vez de una persona que siempre «iba a hacer algo.» Con el pasar del tiempo, su nueva imagen mental fue completándose y él se convirtió en una persona tremendamente exitosa.

Prueba tu negatividad

La persona negativa no suele verse a sí mismo como alguien negativo. Él probablemente lo discutirá si tú tan sólo sugieres que él lo es.

Yo te daré una prueba muy simple que te revelará, con toda certeza, si tu mente tiene tendencias negativas o positivas.

Aquí hay 25 palabras comunes. Léelas lentamente y toma nota de la asociación mental que haces con cada una de ellas. La conexión será negativa o positiva. Si tú asocias pensamientos negativos con la mayoría de ellas—está bien. Alégrate, porque un gran cambió está a punto de ocurrir que te traerá salud, prosperidad y felicidad.

1.- amor	10.- ley	19.- animal
2.- peñasco	11.- agua	20.- padre
3.- dinero	12.- carta	21.- ropa
4.- automóvil	13.- jardín	22.- música
5.- comida	14.- empleada	23.- hijos
6.- sexo	15.- jefe	24.- escribir
7.- oscuridad	16.- hogar	25.- pruebas
8.- libro	17.- visitas	
9.- descanso	18.- salud	

1.- Amor
  Pensamiento <u>negativo</u>: *Nadie me ama*
  Pensamiento <u>positivo</u>: una imagen mental de un ser querido

2.- Peñasco

Pensamiento <u>negativo</u>: *Quizás arruine mi ropa; tal vez me caiga*
Pensamiento <u>positivo</u>: *Esos peñascos son hermosos. Se elevan majestuosamente.*

3.- Dinero

Pensamiento <u>negativo</u>: falta de dinero; deudas
Pensamiento <u>positivo</u>: comodidad, seguridad, generosidad.

4.- Automóvil

Pensamiento <u>negativo</u>: concentrarse en no tener uno, o la condición del que tienes
Pensamiento <u>positivo</u>: pensar de todos los viajes placenteros que has tomado; qué divertido es conducir

5.- Comida

Pensamiento <u>negativo</u>: qué mala es tu dieta; indigestión
Pensamiento <u>positivo</u>: cenas agradables con familia y amigos

6.- Sexo

Pensamiento <u>negativo</u>: resentimiento si no estás contento con tu pareja o no eres popular con el sexo opuesto
Pensamiento <u>positivo</u>: satisfacción con tu pareja; disfrutar de la compañía del sexo opuesto

7.- Oscuridad

Pensamiento <u>negativo</u>: soledad, miedo de ella
Pensamiento <u>positivo</u>: considerarla un tiempo de descanso y esparcimiento

8.- Libro

Pensamiento <u>negativo</u>: libro de estudio, aburrimiento
Pensamiento <u>positivo</u>: conocimiento, pasatiempo agradables

9.- Descanso

Pensamiento negativo: pérdida de tiempo

Pensamiento positivo: recuperación, recreo

10.- Ley

Pensamiento negativo: multas de tráfico

Pensamiento positivo: orden, protección

11.- Agua

Pensamiento negativo: ahogarse, lluvia

Pensamiento positivo: natación, excursión en barco, limpieza

12.- Carta

Pensamiento negativo: malas noticias, facturas

Pensamiento positivo: buenas noticias, ganador de un concurso

13.- Jardín

Pensamiento negativo: demasiado trabajo, caro, insectos, sudor

Pensamiento positivo: verduras frescas, belleza

14.- Empleada

Pensamiento negativo: demasiado cara

Pensamiento positivo: alivia el trabajo de tu esposa

15.- Jefe

Pensamiento negativo: dueño de esclavos

Pensamiento positivo: promoción, ingresos

16.- Hogar

Pensamiento negativo: lugar de contiendas, quejas

Pensamiento positivo: compañerismo con la familia

17.- Visitas

Pensamiento negativo: trabajo y gastos adicionales
Pensamiento positivo: hermanda, amistad, compañerismo

18.- Salud

Pensamiento negativo: reconocer dolores y aflicciones
Pensamiento positivo: vale la pena

19.- Animal

Pensamiento negativo: un fastidio, molestia; otro
gasto más
Pensamiento positivo: fiel, compañero

20.- Padre

Pensamiento negativo: estricto, inflexible, frío
Pensamiento positivo: amable, justo, defensor

21.- Ropa

Pensamiento negativo: *No tengo qué ponerme; ojalá pudiera
comprar ropas de marca*
Pensamiento positivo: contento con lo que tienes

22.- Música

Pensamiento negativo: ruido, una molestia
Pensamiento positivo: paz, inspiración,
buenos sentimientos

23.- Hijos

Pensamiento negativo: pestes, caros
Pensamiento positivo: satisfacción, plenitud

24.- Escribir

Pensamiento negativo: *No puedo escribir; nunca sé
qué decir*
Pensamiento positivo: Yo amo las palabras

25.- Pruebas

Pensamiento <u>negativo</u>: falta de fe en tu habilidad para pasar pruebas

Pensamiento <u>positivo</u>: una oportunidad para probar tus capacidades

Tu reacción hacia estas palabras puede ser completamente diferente a estos ejemplos que te ha dado. No obstante, tú podrás determinar si tu primeras impresiones fueron negativas o positivas.

Los estudios psicológicos han demostrado que el 95% de toda la gente tiene tendencias negativas. Esta cifra coincide con el estudio que reveló que menos de 5% de todas las personas son exitosas. Si tú estás entre el 95% de personas negativas, sin dudas que la mayoría de tus primeras reacciones hacia estas palabras fueron negativas. Como dije antes, esto está bien—y yo te mostraré por qué.

«Descubrir una falla es la mitad de la solución» dice un dicho popular. Si tú modo de pensar es generalmente negativo, seguramente no estás disfrutando de la cantidad de éxito que a ti te gustaría tener; no eres tan alegre como deberías ser.

Empieza a regocijarte porque tu liberación esta a punto de llegar. Ya no serás esclavo de la necesidad, la incertidumbre y la amargura. Ahora podrás alzar tu cabeza al cielo, extender tus brazos y con un entusiasmo infinito gritar: «¡Yo soy libre!»

Haz un juego del pensamiento positivo

Copia esa lista de palabras en un pedazo de papel. Invita a tus amigos para que ellos también se prueben. Habla acerca de la mente con ellos; explícales cómo ella puede guiarnos hacia el éxito o el fracaso. Mientras más consciente seas con respecto al poder del pensamiento, más cuidado tendrás al escoger qué tipo de pensamientos permanecerán en tu mente.

Otro juego divertido consiste en tomar el alfabeto y ver cuántas palabras positivas tú puedes asociar con cada letra: adorable, admirable, amable, ambicioso; bueno, bendición, beneficio. Continua con todo el alfabeto, pensando en todas las palabras positivas que puedas.

Una buena manera para usar este alfabeto positivo es usar un pequeño fichero, como los que se usan para guardar recetas. Consigue un paquete de fichas o tarjetas de papel; estas deberían estar disponibles en cualquier tienda que venda productos para oficinas. Escribe cada palabra positiva sobre una carta y guárdala en la sección que corresponde a la letra correcta. En poco tiempo tendrás más de cien tarjetas.

Cada vez que aprendas algo o leas algo sobre cualquier de las palabras positivas, agarra esa tarjeta de tu archivo y agrégale la información que has obtenido.

Es probable que no uses este archivo demasiado, pero el simple hecho de tenerlo te hará más consciente de mantener pensamientos positivos.

¡Yo puedo! ¡Yo lo haré! ¡Yo soy!

En uno de mis libros anteriores, yo presenté una fórmula que ha sido usada por miles de hombres y mujeres que estaban buscando éxito. Es una forma extremadamente simple—y efectiva—de reeducar tu Mente Creativa, para hacer que pensar de manera positiva y constructiva sea algo natural.

Por los próximos siete días, repite estas palabras: «*Yo puedo* ser exitoso». Dilo de noche antes de irte a dormir, cuando amaneces en la mañana y varias veces a lo largo del día. Esto plantará en tu mente la idea de que tú puedes ser exitoso. (Si no sabes que puedes triunfar, entonces no vale la pena intentarlo.) Así que graba esta verdad en tu mente, aún si en primera instancia no lo crees. Después de un periodo breve, sentirás gozo al pensar que él éxito puede ser tuyo.

No basta con saber que puedes ser exitoso. Hay muchas cosas que tú puedes saber cómo hacer; pero a menos que tú las hagas, ese conocimiento positivo no te deriva ningún beneficio. Esto entonces nos trae a la segunda parte de mi fórmula. Durante los próximos siete días, repite esta frase: «*Yo voy a ser* exitoso.» Dilo de noche antes de irte a dormir, cuando amaneces en la mañana y varias veces a lo largo del día.

Un cambio grande va a ocurrir en tu reserva mental de poder. Tú vas a sentir una inquietud agradable; tendrás ganas de probar tus nuevos poderes. Por ejemplo, si siempre has querido ser dueño de un negocio, tú empezarás a prepararte para tener uno. No importa si no tienes el dinero ahora mismo; tu Mente Creativa te guiará y encontrarás maneras para obtenerlo.

La tercera parte de la fórmula es decirte a ti mismo: «*Yo soy* exitoso». Reitero, di esto desde el momento que amaneces hasta cuando es hora de dormir.

Esta declaración tal vez parezca un tanto prematura, pero no lo es. Si tienes dinero en el banco, pero no en tus bolsillos, tú sabes que, sin esforzarte, puedes escribir un cheque y recibir dinero.

Si tú tienes una consciencia de éxito y sabes que tú PUEDES ser exitoso y que SERÁS exitoso, tu deseo ya está completo.

Todas las declaraciones presentes en este capítulo son hechos que han sido comprobados, que están siendo comprobados y que seguirán siendo comprobados en el futuro.

Quizás te parezcan demasiado buenas para ser reales, pero no te inquietes por ese pensamiento. Estos principios están quitando a personas de la mediocridad y llevándolas al liderazgo. Si no hacen lo mismo contigo, será porque tú no les estás dando la oportunidad par hacerlo.

Antes de proceder al siguiente capítulo, haz una pausa para reflexionar sobre este. Si no ha despertado tu pasión y si no te ha llenado de entusiasmo, seguramente has pasado por alto algunos puntos y deberías volver a leerlo.

Aunque yo he utilizado estos principios por varios años, el simple hecho de hablar acerca de ellos me vuelve a entusiasmar. Yo quiero que en tu vida tú tengas todo lo que estas verdades han hecho para mí.

CAPÍTULO 5

CONOCIÉNDOTE A TU VERDADERO YO

EN EL AÑO 400 A.C., cuando Sócrates le dijo a sus seguidores: «Conoceos a vosotros mismos» yo estoy seguro que este gran sabio no se estaba refiriendo al cuerpo físico. Cada palabra suya estaba dirigida hacia el intelecto y la mente.

Una vez leí un artículo en el cual el autor dijo que dentro de cada persona moraban dos entidades: una entidad positiva y una entidad negativa. La entidad positiva veía sólo lo bueno: salud, fuerza, éxito, felicidad. La entidad negativa veía sólo lo opuesto: amargura, mala salud, fracaso. Este autor creía que nosotros eramos influenciados por una sola entidad a la vez. Si permitíamos que la entidad positiva estuviera a cargo, nosotros andaríamos caminando con la frente en alto, el pecho inflado, con un brillo en los ojos y una expresión de convicción en el rostro. Si la entidad negativa estaba a cargo, lo opuesto ocurriría. Nuestros pasos serían lentos y nuestros rostros reflejarían una gran desesperación (ojos tristes y frentes caídas).

Yo no estoy tan seguro de que existen dos entidades dentro de nosotros, pero yo sí sé que nuestras mentes se conducen en una dirección positiva o negativa.

Según los estudios de los primeros psicólogos, el 95% de todas las personas tiene tendencias negativas en sus pensamientos. Esto quiere decir que la mayoría de las personas están siendo controladas por sus lados negativos, algo que explicaría por qué el porcentaje de gente triste y fracasada es tan alto.

El título de este capítulo es «Conociéndote a ti mismo». Si tú formas parte del 95% que tiene una tenencia negativa, tal vez no estés demasiado ansioso por conocer al verdadero TÚ. No te preocupes, porque vas a aprender por qué eres así y qué puedes hacer para cambiar tu situación.

En el capitulo anterior, hiciste una prueba para saber si tenías tendencias negativas o positivas. Este es el primero—y quizás el más importante—paso para poder conocer al verdadero tú.

Los ejemplos siguientes están diseñados para aquellos que sufren de negatividad. De hecho, esta descripción quizás incluya a la mayoría de los que lean este libro, porque después de todo, una persona con una mentalidad estrictamente positiva no necesita de él.

Permíteme contarte la historia de José Benson, el hombre que se quedó despierto toda la noche—y se alegró por haberlo hecho. José había caído en apuros por mala suerte. Tenía un montón de facturas atrasadas y no tenía dinero para pagarlas. La situación parecía bastante seria para este hombre amargado, que por cierto también sufría de la falta de sueño.

En esa noche particular, José se fue a la cama como acostumbraba, pensando en sus numerosos acreedores y las amenazas que le habían hecho por causa de sus deudas.

Un concepto con el potencial de cambiar vidas apareció en la mente de José. En uno de mis libros anteriores, él había leído que el hombre es una mente con un cuerpo, no un cuerpo con una mente. (Suena parecido, ¿no?) En ese momento, la declaración no tuvo mucha importancia para él, pero esa noche sí adquirió un nuevo significado. «Si yo soy una mente» pensó él, «yo puedo ser cualquier cosa que yo quiera. Lo único que tengo que hacer es decidir qué quiero ser—y serlo.»

A lo largo de la noche, su mente analizó su situación. Él se puso a pensar sobre su forma de ser y sobre aquellas personas que a él le gustaría emular. Él pensó sobre los cambios que tendría que hacer en sí mismo para poder cumplir sus planes. «¿Cuál es la diferencia entre yo y el hombre que yo admiro y quizás envidio?» él se preguntó. «No me gusta llamarme cobarde, pero ya es hora de admitirlo. Yo me rebajo cuando tengo que pedir algo que necesito; ya sé que no me lo darán y eso es siempre lo que ocurre.»

Él siguió pensando: «El hombre ambicioso es asertivo. Él le dice a los demás qué clase de trato desea—uno que beneficiará a ambas partes. Ellos le oyen y en la mayoría de los casos, hacen lo que él quiere que hagan. Mis acciones son guiadas por mi mente. Las acciones del otro hombre son guiadas por su mente. ¿Por qué no puedo hacer un cambio en mi mente para que coincida con la suya?»

José Benson amaneció la siguiente mañana mientras los rayos tempraneros del sol se filtraban entre sus cortinas. Él estaba despierto y vivaz—su expresión era parecida a la de un minero que acaba de hallar oro. La Sra. Benson notó el cambio en su marido, pero tuvo miedo de hacer preguntas. Sin embargo, no fue necesario. Mientras desayunaban, su esposo le explicó con mucho entusiasmo cómo su noche sin dormir cambiaría sus futuros.

José decidió quedarse en casa ese día. Usando un lápiz y papel, él delineó su problema según las Medias Mentales que yo presenté en uno de mis libros anteriores. Él definió su objetivo principal: eliminar sus deudas y conseguir un sueldo que le permitiría mantener un estado de vida bastante alto. Después él hizo un lista de los obstáculos y las barreras que existían entre él y su objetivo. Por ultimo, el creo un plan de acción que le permitiría sobrepasar esos obstáculos y alcanzar sus objetivos.

Antes de acostarse esa noche, él pasó mucho tiempo estudiando su nuevo plan y decidió levantarse temprano para ponerlo en acción.

Sin entender los principios de este libro, José Benson literalmente estaba Haciéndose Rico Mientras Dormía. Él se fue a dormir con un plan bien establecido en su mente; mientras su Mente Consciente descansaba, su Mente Creativa trabajó diligentemente con su plan productivo de acción. Necesitaríamos muchas, muchas páginas para contar el relato completo de José Benson y cómo él logró cambiar el rumbo de su vida gracias a una noche sin sueño. Él y su esposa terminaron viviendo en una gran mansión con un sueldo correspondiente.

Entiendes por qué esto fue posible? Este cambio ocurrió cuando Benson aprendió la verdad de que él era una Mente con un Cuerpo y que él podía—por medio de un simple cambio de mentalidad— convertirse en lo que él quisiera.

Uno se esfuerza más para ser un fracaso que para ser un éxito

¡Permíteme hacerte una pregunta!

¿El cambio en la actitud mental de José Benson requirió mucho esfuerzo y penas? ¡Todo lo contrario! Él encaró sus problemas con firmeza y determinación. Los que hablaron con él acerca de su situación quedaron impresionados por su espíritu y quisieron ayudar a este hombre porque él parecía valer la pena. Antes del cambio, él se acercaba a las personas tímidamente, con sus manos temblando y su voz a punto de quebrar. Él indudablemente era rechazado porque él creaba la impresión de que no era capaz de cumplir sus promesas.

¿Fue difícil efectuar ese cambio de rumbo? ¿Fue una batalla cuesta arriba? ¡No! José antes regresaba a su hogar desanimado porque sabía que le esperaba una batalla con sus acreedores. Con su nueva entidad asumiendo el control de su vida, él ahora volvía a su hogar contento; él ahora veía la vida como nunca antes. En vez de sufrir bajo una deuda creciente, él vio como sus ahorros e inversiones se multiplicaban.

¿José hizo algo que tú no puedes hacer? ¡No! Él cambió (o reprogramó) su mente; él se empezó a ver a sí mismo como la persona que quería ser. Tú puedes hacer exactamente lo mismo y el cambio que se generará en tu vida será tan espectacular como el cambio que ocurrió en la vida de José Benson.

Yo no estaría siendo honesto contigo si dijera que cambiar tu manera de pensar como José Benson es tan fácil como el cambio de mente que ocurre cuando tú decides ir al cine en vez de quedarte en casa. No, esto requiere un proceso mental diferente.

Alguna vez has visto a alguien hacer un truco de magia tan asombroso que no pudiste adivinar cuál fue el secreto? Digamos que después te explicaron el truco y te revelaron el método exacto de la ilusión. Primero has pensado: «Oh, ¡yo no puedo hacer eso!» Pero a medida que estudiaste la explicación, te diste cuenta que con un poco de práctica, tú también podías ejecutar ese truco mágico.

Muchas personas sienten que están destinadas a vivir sus vidas haciendo sacrificios y sufriendo necesidades. Ellos no pueden entender que su salvación está a su disposición y que es tan fácil conseguir lo que uno quiere en la vida. Cuando esta gente lee un libro como este, ellos tal vez esperan cosas mejores en su vida;

hasta quizás se atrevan a desear que las pudieran tener. Pero ellos no se permiten que esa idea (que la abundancia está a su alcance) se filtre hacia su consciencia.

Aquí hay otro ejemplo que muestra cómo un cambio de actitud mental sacó a un hombre de la pobreza y lo puso en el camino hacia la Salud, Riqueza y Felicidad.

Fred White era un hombre común. Él ganaba suficiente dinero para arreglárselas, pero él claramente no era alguien que sería denominado un éxito.

Un día, el patrón de Fred organizó una fiesta para sus empleados. Antes de que acabase la fiesta, los huéspedes fueron invitados a dar un paseo en su hogar impresionante. Fred ni se imaginaba cómo sería ser dueño de semejante residencia. Era algo que la parecía imposible obtener. Pero esa noche mientras estaba en su propia casa humilde, Fred se puso a pensar. Él recordó que la sala de familia de esa mansión había sido diseñada con una gran ventana que ofrecía una vista de una enorme piscina. Eso daba el efecto visual de estar a la orilla de un lago. Él recordó todas las piezas de arte de un valor inestimable que adornaban las paredes—principalmente imágenes de paisajes y retratos de los antepasados de su patrón.

Él se preguntó por qué algunas personas podían tenerlo todo mientras otros vivían con lo justo. Fred se entristeció bastante con ese pensamiento.

De repente, una gran verdad iluminó su mente.

«¿Por qué estoy tan triste?» se preguntó él. «Yo puedo disfrutar de todas las cosas que mi jefe tiene. Hay un lago a una hora de aquí, donde puedo disfrutar de una vista mucho más pintoresca que la que él ve desde la ventana de su sala familiar. Yo puedo manejar por los campos o en las montañas y presenciar más belleza que la que él tiene colgada en sus paredes. Mi hogar tal vez no sea tan elegante como el suyo, pero yo tengo el placer de comidas sabrosas y nutritivas; yo duermo en una cama cómoda.» A medida que Fred White comparaba su situación con la del hombre que había estado envidiando, él llegó a entender que no le estaba yendo tan mal. Un sentimiento de paz cayó sobre él.

Sin embargo, Fred no se permitió quedarse satisfecho. Él desarrolló algo que yo llamo un disgusto contento. Él estaba contento con las bendiciones que ya tenía, pero él pensó que podía y tenía todo el derecho para sumar más bendiciones—de ahí su disgusto. La envidia es una fuerza condicionante; es algo que demuestra una falta de confianza en tu propia habilidad para adquirir lo que tú envidias y impide la iniciativa.

Esta nueva revelación de Fred White—que aún sin tener riquezas, él podía disfrutar las mismas bendiciones que disfruta la gente próspera—le hizo sentir paz. Él dejó de envidiar a su patrón; comenzó a darse cuenta que él estaba desarrollándose mentalmente y pensando en cómo mejorarse. A medida que Fred empezó a comportarse como un empresario, su patrón lo fue observando y lo ascendió. Eventualmente, Fred White llegó a ser vicepresidente de la compañía y a vivir en un hogar muy fino.

¡El verdadero TÚ!

Anteriormente yo dije que el 95% de todas las personas tienen tendencias negativas y es probable que tú estés incluido en esta cifra. Yo sin embargo creo que, aún en las personas negativas, hay más positivismo innato que negatividad. Tú permites que tu ser positivo sea tapado por pensamientos negativos, como una casa de madera que ha sido pintada. En términos de volumen, hay mucha más madera presente que pintura, pero la pintura tapa completamente a la madera.

Prueba este experimento. Toma un cuadrado de papel que mide doce pulgadas y ubica sobre él un cuadrado negro que mide un dieciseisavo de una pulgada. Aunque el papel es 36.864 veces más grande que ese pequeño cuadrado negro, tus ojos se enfocarán más en ese punto que en el área grande. Por más negativo que tú creas que eres, yo creo que tú eres más positivo que negativo. Por lo tanto si no estás disfrutando la vida, no es porque el destino está en tu contra. Es porque tú estás permitiendo que tu lado negativo se apodere de tu vida. Tú estás dejando que la cobertura negativa con la cual te has rodeado tenga influencia sobre tus pensamientos, acciones y logros.

Entrénate a ti mismo para ser positivo. Cada vez que tengas un pensamiento negativo, échalo fuera con uno positivo. Quizás no veas resultados de inmediato, pero sí llegarán. Si plantas una semilla, varios días pasarán antes de que un brote se asome por encima de la superficie. Pero si la semilla es fértil, a medida que recibe agua y es cultivada, ella producirá una planta. Cuando tú empiezas a tener pensamientos positivos por primera vez, quizás no observarás cambios al principio, pero con persistencia, tú pronto descubrirás que tu entidad positiva estará asumiendo protagonismo y tu vida tendrá un significado nuevo para ti.

Quizás te preguntes: «¿Cómo puedo ser positivo cuando todos a mi alrededor son negativos?» Imagina por un momento que estás en una estación de tren. Tienes la opción de comprar dos boletos: uno te lleva a páramo árido e inhóspito y el otro te lleva a una tierra de frutas, vegetales, flores y diversión. ¿Cuál boleto vas a escoger? La respuesta es obvia. Tú tienes la opción de ser negativo o positivo. La primera opción te guiará hacia la amargura, la enfermedad y el fracaso; la segunda te conducirá a la salud, riqueza y felicidad. ¿Cuál vas a elegir?

Sabiendo que el gran porcentaje de gente negativa supera a la cantidad de gente positiva, tiene sentido reconocer que uno está rodeado por más personas negativas que positivas. Si la gente en tu entorno es negativa, no compartas su miseria imitándolos; protege tu propia alegría y no sigas sus pasos.

Quizás seas capaz de cambiar a algunas personas negativas y hacerlas positivas. Toma como ejemplo una esposa con mentalidad positiva, que a través de una estrategia bien planificada, logró cambiar a su marido negativo y lo convirtió en una pareja con pensamientos positivos y entusiasmo.

«Todas esas tonterías de la mente dominando la materia te van a enviar al psiquiátrico» él le decía constantemente a su esposa. Cuando sucedía algo decepcionante, su esposa decía: «Todo va a salir bien.» Su marido después le decía que ella estaba loca.

Esta mujer se pudiera haber resignado a una vida de mediocridad, pero ella se negó a hacerlo. Ella conocía las leyes del pensamiento positivo y entendió que su marido se estaba refrenándose a sí mismo con sus pensamientos negativos.

Una tarde, mientras ella leía un libro sobre el autodesarrollo mental y su marido estaba desocupado, a ella se le ocurrió una idea. «No entiendo esto. ¿Puedes leerme esta parte del capítulo? Tú vas a entender mejor que yo lo que el autor está diciendo.»

Sintiéndose halagado, el esposo tomó el libro y comenzó a leer. Él no estaba interesado en aprender algo; él quería encontrar discrepancias para así poder comprobarle a su mujer que todas estas teorías de la mente dominando la materia eran ridículas.

La mañana siguiente, el hombre se marchó a su trabajo con una actitud nueva. Él hizo su trabajo mejor que jamás lo había hecho antes. En vez de perder tiempo contando historias con sus compañeros, él se concentró en su tarea. En su entusiasmo por destacarse, él descubrió algo: un atajo que le permitiría ser más productivo y proficiente. Este descubrimiento también podía ser utilizado por los otros trabajadores, haciendo que sus esfuerzos sean más eficientes.

Estoy seguro que tú ya habrás adivinado que fue lo que sucedió. El hombre cosechó reconocimientos y fue compensado justamente por su compañía. Si hoy alguien se opone a la teoría de la mente superando la materia, este hombre cambiado está dispuesto a defenderla fuertemente.

«Cuando uno no está a favor de algo, suele desprestigiarlo» dijo un gran filósofo con mucha razón.

«*El poder del pensamiento positivo*» (usando el título del gran libro de Norman Vincent Peale) ha quedado tan bien establecido que ya no puede ser negado por cualquier persona pensante. Ya ha dejado de ser una teoría y se ha convertido en un hecho. Es más, es un hecho que es muy fácil de comprobar.

Todavía hay gente que no cree en él. Ellos dicen: «Yo lo intenté y no funcionó.» Si tú fueras a entrevistar a estas personas, probablemente descubrirías que ellos ni siquiera probaron el pensamiento positivo. Ellos desearon algo, como por ejemplo, el éxito y la felicidad. Como no consiguieron lo que querían, ellos después concluyeron que la mente no tiene influencia sobre la materia.

Voy a terminar este capítulo con esta declaración sorprendente: tú utilizas el principio de la mente dominando la materia cada día, aunque tú te beneficies de ello o no. Si tú te estás manteniendo en un estado de miseria por medio de fracasos, enfermad y amargura, tú definitivamente estás siendo influenciado por la mente dominando la materia. Tú no andas deseando que estas cosas te sucedan, pero te ves a ti mismo sufriendo con ellas; tú crees que estás condenado a tenerlas. ¿Qué pasaría si fueras capaz de visualizar—con la misma intensidad—la prosperidad, salud y felicidad? Yo no te estoy hablando de desear estas cosas; estoy hablando de tú viéndote a ti mismo en posesión de ellas. Si tú haces esto, pronto estarás bendecido con prosperidad, salud y felicidad.

¿Acaso este capítulo no te inspira a ver la vida con un deleite como el de Alicia en el país de las maravillas? ¿Ya puedes ver un destello de tu nueva vida?

Yo puedo ser EXITOSO

Yo voy a ser EXITOSO

Yo soy EXITOSO

Yo estoy guiando en pensamientos y acciones para hacer las cosas que conducen a una salud mejorada. Mi MENTE CREATIVA está todo en contacto con cada célula de mi cuerpo

CAPÍTULO 6

¡TÚ ERES LO QUE PIENSAS QUE ERES!

¡TÚ ERES *LO QUE PIENSAS* QUE ERES! Por más veces que yo haya usado esta expresión en mis lecturas y escrituras, yo aún me pregunto cuántas personas realmente entienden lo que esto significa.

Después de una de mis presentaciones acerca de este tema, una mujer se me acercó para presentarme una acusación:

«Usted piensa que yo soy pobre porque quiero ser pobre? ¿Usted piensa que yo estoy triste porque quiero estar triste?» ella me preguntó.

Por supuesto que nadie desea ser pobre o triste. Pero la realidad es que nosotros somos lo que pensamos que somos. Es tan importante que tú entiendas esta frase que yo le he dedicado un capítulo entero. Si tú piensas acerca de lo que estás leyendo mientras lees, tú podrás ver un tú diferente cuando te mires en el espejo.

Yo suelo escuchar comentarios como:

«Yo no soy muy artístico.»

«Yo no soy muy bueno para escribir.»

«Yo no tengo talento musical» (dicho por alguien que nunca ha probado la música).

«Yo no soy muy hábil con mis manos» (de la persona que nunca ha hecho un trabajo manual).

Después están los que describen sus emociones:

«Yo soy muy despreocupado.»

«A mí nadie me puede engañar.»

¡Tú eres lo que piensas que eres! Tu cuerpo no refleja talentos o la carencia de ellos. Si tú no tienes talento musical, no es por causa de alguna característica física que lo previene. Si no sabes usar herramientas, tu cuerpo no tiene la culpa. Tú eres un reflejo de la imagen mental que has creado de ti mismo.

Antes de presentarme con una excepción, déjame decir que cuando hablo de varios talentos y características, yo me estoy refiriendo a un individuo normal. Desde luego que un hombre cojo no puede ganar una carrera a pie, sin importar qué tipo de imagen mental pueda tener. Una persona con manos deformadas no podría destacarse como pianista. Una persona ciega no podría hacerse famosa como artista.

¿Qué clase de imagen mental tienen los ejecutivos exitosos? ¿Se verán como empresarios pobres? ¡Por supuesto que no! Ellos han alcanzado posiciones altas en sus campos porque ellos se ven a sí mismos como exitosos.

Cuando yo ordené el diseño para mi casa, yo le expliqué al arquitecto el tipo de estructura que yo quería. Él pensó por un momento y luego me dijo: «Creo que sé exactamente lo que usted quiere.» ¿Este arquitecto tenía fe en su habilidad o se veía a sí mismo como un mal arquitecto? La pregunta es un poco tonta, porque la respuesta es tan obvia.

Si hay algo que tú siempre has querido hacer pero sentiste que no podías, tengo buenas noticias. Empieza a ser consciente de que lo puedes hacer y no te resultará difícil hacerlo.

Mi preciosa esposa—a quien este libro está dedicado—siempre insistió que ella no era artística. Ella nunca intentó dibujar o pintar, porque pensó no era capaz de hacerlo.

Yo decidí probar un experimento con mi esposa. Yo quería demostrarle a Edel que ella podía convertirse en una artista con facilidad. Yo usé cada oportunidad para elogiar su habilidad artística para que ella cambiara su idea mental de sí misma. Ella tenía un sentido de estilo maravilloso; su ropa siempre combinaba de manera hermosa. Yo elogié sus gusto en colores y luego le di una sugerencia sutil de que ella sería una buena artista. Cuando ella tomaba una fotografía, yo la felicitaba por lo bien que había ubicado el sujeto para obtener un balance óptimo.

Ese año para Navidad yo le regalé un set completo de materiales para dibujo y pintura: pinturas de óleo, pasteles, carboncillos, lienzos, caballetes, pinceles y bloc de dibujos. Con este set completo, ella podía elegir cuál medio usar.

Su primer intento fue una pintura de óleo de 14 x 20 pulgadas del Ciprés solitario (un famoso árbol doblado por el viento) en Monterey, California. Sin cualquier entrenamiento, ella hizo un buen trabajo con esta obra. Hoy en día hay muchas muestras del talento artístico de Edel a lo largo de nuestro hogar, habilidades que ella desarrolló después de haberse dado cuenta que ella poseía habilidades artísticas.

El jefe de una gran agencia de publicidad me contó la historia de cómo él había llegado a trabajar en esa profesión. Él había crecido con ganas de ser ingeniero; de hecho, él se había estado preparando para recibirse como tal.

Pero un día ese deseo cambió. Este hombre estaba preparándose para vender su tocadiscos y sus discos de vinilo (en la época antes de que existieran los reproductores de música). Él sabía que varios amigos tal vez estarían interesados, así que él les escribió cartas ofreciéndoles su sistema de sonido. Uno de ellos se interesó y compró el tocadiscos y los álbumes.

En su respuesta al vendedor, el comprador lo elogió por la buena carta que le había escrito y le dijo que tendría que trabajar en publicidad—él poseía un talento para presentar ofertas de manera convencedora.

La idea de una carrera en publicidades se alojó en la mente de este joven. Como una piedra que cae en un charco, creando olas que viajan hacia la orilla, este pensamiento siguió creciendo; creció hasta que él ya no podía verse a sí mismo como cualquier otra cosa salvo un agente de publicidad. Ni bien él empezó a pensar de sí mismo como un agente de publicidades, él se convirtió en eso.

En una reunión de un club, uno de los miembros de repente fue llamado a dar una charla sobre un viaje que había tomado hace poco. Este hombre jamás había hablado ante un publico y estaba nervioso por tener que dar su discurso.

Después de la reunión, otro miembro se le acercó y le dijo que debería dedicarse al oratorio público; su relato del viaje había sido organizado de una forma lógica. Dar discursos era lo último que se había cruzado por la mente de este hombre; es decir, hasta que alguien se lo sugirió. Él comenzó a pensar que él era un buen orador y hoy el constantemente recibe invitaciones para dar discursos.

¿Por qué eres como eres?

La mayoría de ustedes han aceptado tan completamente como son que no piensan demasiado cómo fue que llegaron a ser así. Por lo general, tú eres como eres por causa de las influencias de tu niñez. La mayor parte de los temores, bloqueos mentales y bajo valor propio que sientes fue establecido en tu mente cuando tú eras chico.

Tomemos como ejemplo la timidez. Son pocas las personas que se hacen tímidas como adultos. Las sugerencias de timidez que recibiste como niño luego fueron exageradas de manera desproporcionada; tú las has cargado contigo a lo largo de la vida.

Digamos que una madre quiere mostrar a su pequeña hija Mary con orgullo. Tal vez ella le pida a Mary que cante o recite algo enfrente de algunas visitas. Por alguna razón u otra, Mary vaciló; su madre, sin reconocer el daño que estaba causándole, hizo un comentario sobre la timidez de su hija. «Cuando estamos solos en familia, ella no para de hablar, pero cuando tenemos visitas, ella se calla» explicó la madre. Los comentarios de este tipo en la presencia de un niño crean una consciencia llena de timidez o vergüenza. A medida que Mary crece, ella hace mención de su timidez; ella desea que pudiera estar cómoda cuando está con otras personas, pero ella sabe que no puede porque es tímida. Aquellos de nosotros que entendemos el funcionamiento de la mente sabemos que cada vez que Mary le da voz o pensamientos a su timidez, ella está empeorando la situación. Por lo tanto, esta mujer joven irá perdiendo mucha satisfacción a lo largo de su vida por causa de su inseguridad.

Ese sentimiento de inseguridad que muchos de ustedes tienen no fue desarrollado cuando eran adultos. Muchos padres lo han causado sin darse cuenta porque sabían poco o nada sobre la psicología infantil.

Mikey está jugando en el jardín de su casa. «Cuida tus pantalones, Mikey. No tenemos dinero para ir comprando pantalones nuevos cada vez que sales afuera a jugar», le dicen sus padres. Si él deja un trozo de pan en su plato, sus padres le dan un discurso sobre la gente hambrienta que le encantaría comerlo. También le advierten que tal vez llegará un momento cuando él deseará que ojalá pudiera tener restos de comida. Mikey vivirá el resto de su vida sin jamás sentirse seguro. Él siente miedo ante cualquier cosa que requiere iniciativa de su parte porque el duda que eso saldrá bien.

Yo no creo que uno debe criar a sus hijos para que sean descuidados y derrochadores; es posible criarlos bien sin hacerlos sentir que la pobreza les está acechando. La mayoría de las personas que viven sus vidas como fracasados tuvieron un instinto de fracaso instalado en sus mentes cuando eran niños. Muchos de ellos están siendo refrenados por un sentimiento de ineptitud—algo que también adquirieron en su niñez.

«Aléjate de eso, lo vas a romper.» «No sabes nada de las herramientas.» A los chicos muchas veces les dicen qué cosas no pueden hacer, pero raramente se les da crédito por lo que sí pueden hacer. La persona joven crece y se dice a sí misma: «Yo no sé usar herramientas.» Ellos no las saben usar porque, en su momento más impresionable, a ellos les dijeron que no sabían nada de herramientas, y ellos se lo creyeron.

Podría darte ejemplo tras ejemplo mostrándote por qué eres como eres. En la mayoría de las instancias, un patrón fue establecido en tu mente que te indica que tú eres «así» o «así»; desde ese momento en adelante, tú has sido un reflejo o un espejo de esa condición. Tú eres lo que tú piensas que eres. Si tus padres fueron lo suficientemente sabios como para implantar en tu mente la idea de que tú tenías todo para ser un empresario exitoso, tú te verías así; tus asuntos reflejarían la imagen que tú has guardado de ti mismo. ¿Ahora ya lo entiendes? ¿Ya te lo he explicado claramente? Tú eres lo que tú piensas que eres.

Tu cambio importante

¿Sabes que sin importar lo que hayas sido hasta ahora, tú puedes ser cualquier cosa que tú quieras? Tú puedes cambiar y ser como tú quieres ser. ¿Cuánto tarda cambiarte a ti mismo de lo que eras antes a lo que te gustaría ser? ¡Qué buena pregunta! La transformación no va a ser inmediata. Una vez que te enteres que puedes hacer lo que querías, tú puedes desarrollar la técnica o aprender la habilidad.

¿Qué pasaría si anhelabas ser un escritor pero sentiste que no estabas hecho para eso? Tal vez intentes escribir algo, pero los resultados de tu esfuerzos no serían buenos. Cada oración revelaría tu falta de confianza. Pero si tú fueses a cambiar tu manera de pensar y formaras una consciencia de que eres un buen escritor, tú empezarías a notar mejoras en cada página que escribes. Las ideas comenzarían a fluir; estarías más consciente de tus expresiones. Se te haría cada vez más fácil encontrar las palabras justas para expresar tus pensamientos. El diccionario, la enciclopedia, el tesauro y otros libros de referencia serían amigos tuyos. Con el tiempo, tú encontrarías aceptación y te empezarían a llegar cheques de imprentas ansiosas por comprar tus obras.

Quizá sientes envidia por aquellos que son dueños de sus propios negocios. Tú nunca intentaste abrir tu propio negocio. Tenías miedo de no ser capaz de manejar uno por tu propia cuenta; temías poder fracasar. Pero supongamos que tú fueras capaz de reeducar a tu Mente Creativa; supongamos ahora que tú ahora te ves como una persona que puede edificar una empresa exitosa. Qué piensas que ocurriría? Tú estarías empezando a realizar tu sueño. Primero, tendrías que decidir qué tipo de empresa quieres; luego tendrías que tomar los pasos necesarios para establecerla. El éxito conseguido dependería totalmente de la claridad de las imágenes mentales que tú tendrías de ti mismo como empresario—cuanto más fuerte sea la impresión, más grande será el éxito.

La siguiente declaración es una cuya importancia no puedo exagerar. Asegúrate de que no estés simplemente deseando por el cambio que tienes en mente. Desear es algo negativo; es una seña de que no esperas obtenerlo—sino no sería necesario desearlo.

El estado mental que estamos analizando es el de saber que tú eres un buen empresario, un buen escritor, un gran músico—o cualquier otra cosa que te gustaría ser.

Más adelante hablaremos sobre unas instrucciones detalladas que puedes usar para cambiarte de forma rápida y fácil de como eres ahora a como te gustaría ser—mientras duermes. Aprenderás a usar tu Mente Creativa y sus capacidades de razonamiento para desarrollar un tú más grande y nuevo.

Una advertencia para los padres

A aquellos de ustedes que tienen niños les pido que por favor tengan cuidado con lo que les dicen a ellos. Aunque tú lo sepas o no, tú estás formando sus vidas. Sus futuros reflejarán lo que tú haces por ellos mientras son chicos. Una vez se oyó a una madre decirle a su hijo que se había metido en problemas: «Vas a pasar toda tu vida en la cárcel o vas a terminar en el corredor de la muerte.» ¿Alguien se sorprenderá si ese chico acaba siendo un delincuente? Él recibió una reputación que tendrá que mantener, y es probable que lo haga. Cuando los hijos son jóvenes, ellos aceptan cada palabra de sus padres como hechos. Un padre le dice a un niño: «Eres malo» ese chico lo creerá y esa declaración resultará certera.

Nunca le hables a tus hijos con palabras que vayan en contra de como tú quieres que ellos sean. Cuando tú los llamas malos, estúpidos, vagos, tímidos o cualquier otro tipo de defecto que tú quieres evitar—tú de hecho estás plantando semillas en su Mente Creativa que crecerán y madurarán. «No puedo llamarlo bueno a mi hijo cuando se ha portado mal» exclamó una madre enojada. No, pero sí hay otras maneras de corregir al niño sin decirle malo.

El padre puede decirle: «Los chicos buenos no hacen eso.» Ahora tú estás comparando la criatura con un comportamiento bueno, no uno malo.

«Con esa buena mente que tienes, tú fácilmente puedes desarrollarte en un líder respetado y no tendrás que trabajar mucho por el resto de tu vida» le aconsejó una madre inteligente a su hijo que había ignorado sus estudios.

Cuando un padre ha estado trabajando todo el día, los niños que se comportan mal son insoportables; se requiere dominio propio para no perder la cabeza. Recuerda, el esfuerzo necesario para mantenerlos en el camino correcto vale la pena, especialmente cuando tomamos en cuenta la alternativa: la delincuencia juvenil.

Tener hijos es la bendición más grande de Dios; también es tu responsabilidad más grande. Cuando los hijos llegan a tu hogar, ellos son como masilla en tus manos, listos para que tu les des la forma que quieres. La clase de persona que esos niños serán en veinte años depende completamente de lo que tú plantas en ellos cuando aún son jóvenes.

Algunos padres le echan la culpa a su vecindario por los malos hábitos que sus hijos han desarrollado. A veces la culpa está en otro lado. Yo conocí a una familia que se mudó a un barrio cuestionable. Esta familia tenía un hijo de doce años que sabía diferenciar entre el bien y el mal; él era bueno porque quería ser bueno. ¿Qué efecto tuvo el vecindario sobre él? Sería mejor preguntar: «¿Qué efecto tuvo este niño sobre el vecindario?» Él organizó un club en el barrio y animó a otros chicos a que se interesaran en proyectos constructivos. Recuerda: es más fácil ser una influencia buena que una mala. Existen todos los motivos del mundo para ser bueno y ninguno para ser malo.

Los padres deben saber no sólo qué decirle a sus hijos sino que también deben cuidar lo que dicen delante de sus hijos.

Un padre se quejó porque sus hijos no le respetaban. Cuando su mujer se enojaba con él, ella le llamaba «inútil» o «vago.» Con razón que los hijos no respetaban a su padre. Si el esposo insultara a su mujer, eso tendría el mismo efecto. Los niños no deben estar expuestos al lenguaje ofensivo, el consumo excesivo del alcohol, las peleas y las riñas; sino, esos atributos se verán reflejados en su comportamiento.

Convertir tu matrimonio en un éxito es una muestra de tu liderazgo, dirigiendo una de las instituciones más importantes en la faz de la tierra.

Yo no me he apartado del tema de este capítulo. Como ya expliqué antes, la mayor parte de los temores, bloqueos mentales y la baja autoestima que la gente lleva con ellos a lo largo de sus vidas fueron implantadas en sus mentes cuando eran niños.

Si los padres se esforzaran en concierto para proteger a sus hijos de las influencias negativas, estos futuros adultos serían saludables, prósperos y sabios, porque ellos mismos se verían así.

Yo creo que este capitulo es tan importante. ¿Puedo sugerirte que le prestes este libro (o tal vez otra copia del mismo) a todas tus amistades que sean padres o estén esperando hijos? Muchos de ellos van a disfrutar de vidas más alegres y más exitosas.

Tú eres lo que tú piensas que eres. Ahora que ya entiendes el significado de esta oración, ¿qué piensas acerca de ti mismo? ¿Te ves a ti mismo como un gran líder? ¿Un empresario exitoso? ¿Un empleado eficiente y capacitado? Un buen padre y una buena pareja?

¿Te ves a ti mismo como un autor? ¿Un pintor? ¿Un orador popular?

Recuerda esto: no importa qué pensabas acerca de ti mismo antes de que empezaras este capítulo. Tú puedes cambiar todo el rumbo de tu vida si «cambias tu mente.»

Al cierre de cada noche, acuéstate a dormir convencido de qué clase de persona vas a ser. No te vayas deseando que pudieras cambiar; visualiza el cambio en ti mismo. Vuelve a leer este capítulo una vez más. Grábalo en tu mente: tú eres lo que tú piensas que eres. Así tendrás una buena opinión de ti mismo.

CAPÍTULO 7

¡TÚ ERES DOS VECES MEJOR DE LO QUE TÚ PIENSAS!

CON RESPECTO A UNA GRAN PARTE de las personas, el título de este capítulo es una suprema sencillez. Déjame explicarte lo que quiero decir. El departamento de ventas de esta compañía local tuvo una reunión en la que los agentes de ventas escucharon a alguien decirles que ellos eran por lo menos dos veces más buenos de lo que ellos pensaban que eran.

Uno de los vendedores tomó esas palabras con seriedad y decidió intentar comprobar o desmentir esa declaración. Él estudió su trabajo: el número promedio de entrevistas, el porcentaje de entrevistas que resultaron en ventas, el tamaño medio de las órdenes que él concretó.

Su estudio le reveló un hecho notable: él no estaba recibiendo grandes órdenes porque él había sido tímido cuando se comunicaba con los clientes que eran capaces de realizar grandes compras. Así que este vendedor decidió hacer tres cosas:

1.- Él iba a llamar a esos clientes que podían hacer ordenes grandes.

2.- Él iba a hacer más llamadas telefónicas.

3.- Él iba a mejorar su forma de vender para poder cerrar un porcentaje más alto de tratos.

¿Logró este hombre comprobar esas palabras? ¿Era verdad que él era dos veces más bueno de lo que él pensaba que era? Para fin de mes, él ya había concretado diez veces más ventas que antes.

Como resultado, su sueldo aumentó. En vez de desear por un hogar mejor, él pudo comprarse uno. En vez de manejar un auto viejo y barato, él visitó a sus clientes en un modelo más nuevo y más caro. Tanto él como su esposa empezaron a usar ropa más fina.

Después estaba el ejemplo del hombre que siempre estaba en apuros financieros porque él no podía vivir sin exceder sus medios. Su estilo de vida era demasiado caro para su sueldo. A este hombre también le dijeron: «Tú eres dos veces mejor de lo que tú piensas.» Mientras él meditaba en estas palabras, él empezó a ver su situación desde una perspectiva nueva.

«Otras personas viven en hogares aún mejores que el mío y ellos no están en apuros. ¿Cómo lo harán?» él se preguntó a sí mismo. Los ingresos de este hombre eran suficientes para cubrir los gastos regulares, pero cuando alguien se enfermaba en su familia, su presupuesto quedaba arruinado. Luego de analizar bien la situación, él encontró dos métodos de aumentar sus ingresos.

Primero, él podía mejorar su rendimiento en su compañía; segundo, él podía conseguir otro trabajo a tiempo parcial. Con una nueva actitud hacia su trabajo y un deseo por mejorar su rendimiento, nuestro amigo llamó la atención de la dirección y fue recompensado justamente. Es más, al trabajar en su tiempo libre, él sumó unos $100 semanales a su sueldo. Este hombre que antes había sufrido ahora era capaz de cumplir sus compromisos y hasta podía guardar algún dinero extra para su futuro.

Un comerciante de un pueblo pequeño se las arreglaba con las ganancias de su mercado. Si él no hubiera sido capaz de comprar sus propios alimentos a precio de mayorista, él no hubiera llegado a fin de mes. Día tras día, él se sentaba en su negocio junto al calefactor, escuchando la radio y esperando que entraran algunos clientes.

Un día, este almacenero escuchó que él era dos veces más bueno de lo que él pensaba. Este hombre se reacomodó en su silla y miró alrededor de su negocio. Las vidrieras no habían sido cambiadas en meses. Los estantes estaban forrados con papeles cubiertos de moscas muertas y latas bañadas en polvo. Hacía tanto que las ventanas no habían sido lavadas que era imposible mirar hacia adentro, si es que a alguien se lo ocurría hacerlo. «Tú eres dos veces mejor de lo que tú piensas que eres» se volvió a recordar este comerciante y se puso a trabajar. Lo primero que hizo fue sacar esa silla a la cual se había acostumbrado demasiado en los últimos meses, y luego se puso a limpiar su negocio. Limpió toda la mercancía y lavó los estantes. Él dejó las ventanas como nuevas y organizó una muestra agradable de productos frescos.

Una vez que terminó de limpiar la tienda, él envió un boletín que anunciaba los especiales semanales a todos los residentes del barrio. Antes de que pasara mucho tiempo, él tuvo que contratar a otros empleados para que lo ayudasen con su negocio creciente. Cuando su negocio dejó de ser algo manejado por un solo hombre, este comerciante por fin pudo tomarse el tiempo para irse a su casa a comer.

¿Qué te parece doblar tus ingresos?

¿Se ha despertado tu interés? Naturalmente a la mayoría de las personas les encantaría poder multiplicar sus ingresos. Pues muy bien, esta es la fórmula secreta: asume que la declaración tú eres dos veces más bueno de lo que tú piensas es verdad, y luego dedícate a comprobarlo.

Ya me imagino a algunos diciendo: «Más fácil decirlo que hacerlo.» Ese sentimiento me dice que tú no tienes la confianza necesaria en ti mismo y en tus habilidades para poder comprobar que de hecho eres dos veces más bueno de lo que tú piensas. Recuerda lo que aprendiste en el capítulo anterior: tú eres lo que tú piensas que eres. Por lo tanto, lo primero que debes hacer es verte a ti mismo como que eres dos veces mejor de lo que tú piensas.

No basta con tener un deseo por multiplicar tus ingresos; eso no te llevará a ningún lado. La Ley de Causa y Efecto (o La Ley de Causalidad) es aplicable en este caso. El diccionario la define como «un principio de la filosofía: cada cambio en la naturaleza es producido por alguna causa.»

Un sueldo grande no es una causa; es un efecto. Un sueldo grande es un producto de ideas—ideas que han sido puestas en acción.

Las ideas son las bujías del éxito. Industrias, fortunas e incluso imperios han sido edificados con ideas. Todo lo que tú compras es el resultado de una idea. Por ejemplo, a alguien se le ocurrió el concepto de cosas como los lavaplatos, las máquinas de coser, los automóviles y las entradas para un concierto. No hay nadie que menosprecie la importancia de una idea constructiva. Sin embargo, son muy pocas las personas que tienen fe en el valor de sus propias ideas. Hay muchos que dicen: «Si esa idea fuera buena, alguien ya lo hubiera pensado.» En muchos casos, la idea que fue abandonada termina formando la base de un éxito espectacular— un éxito que será disfrutado por alguna otra persona.

Había un fabricante de hornos industriales que publicó una anuncio en busca de un vendedor. Uno de los aspirantes decidió aplicar para el puesto de una manera diferente en vez de enviar una simple carta y su currículo. El trabajo era bueno; este muchacho sabía que la competencia iba a ser feroz. Antes de ponerse en contacto con la compañía, él hizo algunos estudios. Él quería saber algo sobre el campo al cual él estaba intentando entrar. Así que este joven contactó a varias personas que usaban los hornos que él esperaba poder vender y les preguntó por qué les gustaba ese producto. Después él entrevistó a varios otros que usaban un horno de la competencia y les preguntó qué les gustaba acerca de esa marca en particular. Tras conseguir todas las respuestas, este muchacho juntó toda la información y creó una presentación. Él fue a la compañía y pidió una reunión con el encargado de ventas, diciéndole que creía que su información podía aumentar sus ventas. Desde luego que una declaración así despertaría el interés de cualquier encargado de ventas, así que él joven recibió su invitación. El gerente quedó tan impresionado con su presentación que él hizo que la enviaran a la junta de directores, recomendando que esa información fuera puesta a prueba. La iniciativa que este joven inteligente demostró le aseguró un trabajo aún mejor que el que había sido publicado. Él tuvo una idea y él la usó.

En otra ciudad, esta vez en el medio oeste de los EE.UU., otro joven estaba aplicando para un puesto en una de las agencias de publicidad más conocidas. Este individuo tampoco quería escribir una carta pidiendo información sobre el trabajo. En su lugar, el joven se ingenió una manera para reunirse con el presidente de la compañía que había escogido. Él se acercó al oficial y le dijo: «Sr. Osgood, creo que yo puedo ser una ayuda para su agencia. ¿Me daría una oportunidad para trabajar aquí por una semana? Cuando termine esa semana, usted puede decidir si le gustaría que yo continúe.» Su oferta fue aceptada y el joven hizo lo que prometió. Este caballero eventualmente se convirtió en el vicepresidente de la compañía. Él tuvo una idea y él la usó.

Otra persona que tuvo una idea y la aprovechó fue el caballero que abrió un mercado en un pueblo de campo. Lamentablemente, la comunidad era tan pequeña que aún si hubiera recibido todo el comercio del área, él sólo hubiera hecho una mínima ganancia. A él le agradaba la atmósfera del pueblo chico, pero no estaba muy contento con el poco comercio que había, y ese era el problema. Por lo tanto él apeló a su Mente Creativa y elaboró una gran idea. Él viajó hacia todos los otros pueblos pequeños en un radio de 50 millas alrededor de su mercado y anotó los nombres y las direcciones de los habitantes de cada lugar que visitó. Después él agrandó el estacionamiento e instaló juegos para niños con piscina, columpios y toboganes—atracciones que iban a entretener a los hijos de sus clientes. También contrató a un empleado para que estuviera a cargo de la seguridad de los niños. Una vez por semana, él enviaba un boletín a todos los que estaban en su lista de correo, ofreciendo una oferta especial. Y el resultado? Este mercado pequeño creció y se convirtió en un negocio exitoso que generó más de $300.000 (hoy serían $2.4 millones).

Cada patente en la Oficina de Patentes de los Estados Unidos es producto de una idea. ¿De dónde vinieron? Un gran porcentaje de ellos nacieron en la imaginación de gente regular como tú y yo.

Muchas veces se suele decir que ya existen tantas patentes que es cada vez más difícil concebir ideas nuevas. Esto no es cierto. Cada nueva patente en realidad crea avenidas nuevas para muchísimas más patentes.

Un automóvil está compuesto de miles de patentes diferentes y los modelos nuevos de cada año incluyen muchas más. Con la invención de la radio, un campo nuevo de creatividad y descubrimiento fue desarrollándose. La televisión abrió un camino para una infinidad de nuevas patentes. Por lo tanto, queda claro que las oportunidades para inventar algo no están disminuyendo, sino que están multiplicándose rápidamente.

Cada vez que algo te sale mal, tú tienes una oportunidad para inventar algo. Los primeros abrelatas eran aparatos con dientes filosos que serruchaban la tapa de las latas, dejando un borde muy serrado. Muchas personas se hacían cortes en los dedos mientras abrían latas—pero no hacían nada al respecto, salvo usar malas palabras. Sin embargo, en vez de insultar, hubo un hombre que se cortó el dedo y se preguntó a sí mismo por qué no se podía inventar un abrelatas que dejara un borde liso. Le parecía algo completamente factible, así que él lo inventó. Esa invención previno muchas heridas y le ayudó a acumular una buena fortuna.

Una idea representa un pensamiento cristalizado, una noción que ha tomado forma, una fundación sobre la cual podemos edificar. Por donde veas, tú ves ideas que se han hecho realidad: las ropas que vistes, el auto que manejas, la vivienda que habitas. Cada negocio está construido a base de una idea, un concepto.

Tú puedes luchar durante toda tu vida sin progresar; de repente una sola idea puede sacarte de la oscuridad y llevarte a la luz del éxito y la felicidad. No hay límite de edad. Muchas personas en sus años sesenta y aún más allá han perfeccionado ideas que les han permitido progresar más en su edad avanzada que en su juventud.

En mí caso, mi progreso más notable ocurrió después de cumplir 50 años de edad. La edad a veces es una ventaja. El conocimiento que tú adquieres a lo largo de la vida ayuda tu mente a madurar para que así puedas evaluar mejor tus ideas.

Yo sé que dentro de tu ser mental tú tienes todo lo necesario para formar ideas que serán valiosas para la humanidad y te traerán buenas recompensas.

Estos tres pasos te mostrarán cómo condicionar tu Mente Creativa para generar ideas que te asistirán para poder viajar en cualquier dirección que desees, y te comprobarán que tú eres dos veces más bueno de lo que tú piensas.

Paso 1 - Ya has aprendido que para ser consiente de cualquier verdad, tú debes instruir a tu ser mental; el desarrollo de ideas funciona de la misma manera. Para tener una mente fértil y capaz de crear ideas nuevas e importantes, tú primero debes verte a ti mismo con ese tipo de mente. Haz declaraciones positivas:

«Mi mente está despierta y activa, constantemente haciéndome consciente del flujo de ideas constructivas que tienen valor para la humanidad.»

Cuando hagas algo creativo, precede tus ideas con la sugerencia que recién acabas de leer. Observa cómo tus ideas empezarán a fluir. Si estás escribiendo (una carta, un artículo para un periódico, o un libro), tú no te quedarás sin palabras si sigues esta rutina.

Los buenos conversadores son aquellos que pueden expresar ideas de manera interesante. Descubrirás que es más fácil conversar con otras personas si tú primero te repites esa afirmación y le sumas este pensamiento: y me será fácil expresar mis ideas y pensamientos con los demás.

Paso 2 - El propósito de este paso es desarrollar dentro de tu propia mente una consciencia de ideas. Existen varias maneras de hacer esto. Desarrolla una mente curiosa; desarrolla un disgusto contento (un tema que cubro en mi libro *I Will!*) hacia las cosas como están ahora. Yo estoy hablando de estar agradecido por todas tus bendiciones—en su estado presente—pero siempre sigue buscando maneras para mejorar tu situación. Con esa mente curiosa tuya, hazte la pregunta: «¿Qué puedo hacer para mejorar esto?» Si estás empleado, estudia tu trabajo. Cómo puedes hacerlo mejor? Más rápido? Encarando tu trabajo con este tipo de actitud hará que tus días de trabajo pasen más rápidamente y agradablemente.

Ideas aparecerán en tu mente y te recompensarán por tu interés creciente.

Paso 3 - Una idea se convierte en algo tangible ni bien tú decides hacer algo al respecto. Ese producto de tu mente tiene mayor intensidad cuando nace; presérvala antes de que se disipe. Crea un archivo de ideas. Cada vez que te venga una idea, anótala en un papel (a menos que la puedas usar de inmediato). Escribe todo lo que tenga que ver con esa idea; hazlo antes de que te olvides. Si puedes visualizar la idea—y si tienes talento para dibujar—dibújala. Cuanto más hagas con la idea, más crecerá. Vuelve a repasar esa idea de tanto en tanto para mantener esos pensamientos vivos en tu mente. Si tú visualizas algún otro detalle para un plan que ya está en el archivo, agrégalo. Mantén tu archivo bien actualizado.

Cuando hago un repaso del material que he presentado, me pregunto si tal vez estoy siendo muy conservativo al decir que eres dos veces más bueno de lo que tú piensas que eres. Comprobar que tú sí eres mejor de lo que tú piensas es muy fácil.

Había un obrero en una fábrica donde se estampaba metal que estaba aburrido de pasar ocho horas cada día haciendo el mismo trabajo. Él no entendía que las ideas eran un elemento de su trabajo.

Cuando él por fin entendió que su mente podía crear ideas nuevas, él empezó a estudiar a su trabajo. A medida que las planchas de metal eran cortadas para crear objetos pequeños, se generaba mucho desperdicio de material. Esos restos del metal luego eran vendidos por un precio nominal por tonelada a las compañías de acero, donde sería derretido para formar planchas nuevas. Este hombre inventó un uso nuevo para esos pedazos de chatarra. Él le pasó la idea a su jefe, quien la implementó. En poco tiempo, este obrero aburrido recibió una promoción y fue nombrado capataz, ganando más del doble de su salario anterior.

¡Sé alegre!

Estas dos palabras están entre las más poderosas de nuestro lenguaje. La tristeza crea una estructura mental que previene el fluir de pensamientos constructivos.

Recuerda alguna de las instancias en las que has estadio triste y deprimido. ¿Te sentías inspirado para hacer cosas grandes? ¿Concebiste algunas ideas que podían sumar a tu prosperidad? ¿Te sentiste ambicioso con ganas de marcar caminos nuevos? La respuesta para todas estas preguntas es no.

Ahora piensa en los momentos cuando has estado entusiasmado, cuando cada célula de tu cuerpo estaba llena de energía. No tenías ganas de ir a varios lugares y hacer cosas? Los proyectos que a primera vista te parecían demasiado difíciles resultaron no ser así.

¡Sé alegre! Si tienes problemas (y quién no los tiene), se alegre sabiendo que con el conocimiento que has obtenido, tú vas a poder superarlos y ellos no te superarán a ti.

«¿Cómo puedo estar alegre con todas las cosas que me están preocupando?» tú te preguntarás. Dado que la tristeza no puede hacer nada más que obstaculizar tu camino a la libertad, ¿no tiene sentido usar tu genio para ser feliz?

Lee los periódicos; observa cuántas historias hay acerca de gente que le encantaría estar en tu situación. Pronto aprenderás lo bien que te está yendo. Cuando eso ocurra, ya no será difícil dejar que la luz de la felicidad te ilumine. Así podrás pensar sobre cómo encontrar soluciones para tus problemas en vez de permitir que los problemas te detengan.

En el próximo capítulo aprenderás algo nuevo acerca del dinero.

Antes de seguir adelante, asegúrate de que has entendido todos los pensamientos valiosos contenidos en este capítulo. ¿No valdría la pena volver a leerlo una vez más antes de continuar?

CAPÍTULO 8

EL DINERO:
UN MITO

SE CREE QUE LA PALABRA «*dinero*» está derivada de *Moneta*, un epíteto de la diosa romana Juno. Esto se debe a que supuestamente la ceca del viejo imperio romano fue fundada en el templo de Juno Moneta.

Al dinero a veces se le refiere como un medio de intercambio. Si uno cambia su trabajo por dinero y luego cambia su dinero por comida, uno efectivamente está canjeando su trabajo por comida. El dinero interviene como un medio de canje para comprar alimentos.

Este capítulo revela un concepto verdadero con respecto a la irrealidad del dinero. Tú te esfuerzas muchísimo por conseguir dinero cuando en realidad lo que realmente estás buscando es seguridad, comida, ropa y un hogar.

Tú ves el dinero como algo real. Un billete de $1 en tu mano se siente como algo sustancial. Pero en cuanto a su valor estable, ese billete es tan flexible como una banda elástica.

Supongamos que la papa se vende a $1 el kilo. Tu dólar valdría $1 en cuanto al valor de la papa. Ahora imagínate que el precio de la papa sube a $2 el kilo; tu dólar ahora valdría sólo 50 centavos comparado al precio de las papas. Este concepto es aplicable en cualquier tipo de compra. El valor de tu dólar es completamente dependiente del valor de la comodidad que tú compras.

Supongamos ahora que hay diez personas en un salón y que sólo una de ellas tiene dinero—un billete de $1. A esa persona la llamaremos Persona #1. La Persona #2 tiene una navaja y está dispuesta a vendérsela a la Persona #1 a cambio de $1. La primera persona compra el cuchillo y le paga el dólar a la segunda persona. La Persona #3 tiene un libro que la Persona #2 quiere comprar, por lo tanto la #2 le da su dólar a la #3. Esto sigue ocurriendo hasta que la Persona #10 tiene el dólar—y él no pretende guardárselo. Él quiere la navaja de la Persona #1, así que él la compra. En este salón se han concretado transacciones con un valor de $10 usando sólo un $1 de dinero actual. Es por esto que el dinero es un mito.

El mismo principio se aplica en el comercio. En los EE.UU., miles de millones de dolares cambian de mano cada año, pero sólo una fracción de esa cifra representa dinero actual.

El dinero de los Estados Unidos está respaldado por reservas de oro. Todo la moneda acuñada en el país está apoyada por cantidades de oro con el mismo valor en las bóvedas del gobierno. El valor del oro está asignado por los hombres. No es algo asignado por la naturaleza. Cuando este libro fue escrito, el valor del oro, según yo sepa, era $35 la onza, y $35 de moneda puede ser acuñada por cada onza de oro almacenado.

Supongamos, por ejemplo, que los gobernantes en Washington decidieran declarar un valor $40 por onza de oro. Esto significaría que ahora uno podría producir $5 más de monea con cada onza de oro.

Imagínate ahora, que por alguna razón misteriosa, las reservas de oro de los EE.UU. desaparecieran y nadie se enterara. Nosotros seguiríamos haciendo nuestras compras, con nuestro dinero teniendo el mismo valor de antes. Pero si las noticias del robo se hicieran públicas, nuestro dinero perdería todo su valor.

Mi intención aquí no es entrar en una discusión sobre la economía; yo simplemente deseo explicarte algo sobre la irrealidad del dinero. Si hasta ahora tú has seguido mi razonamiento, tú estarás de acuerdo que el dinero no es algo material, sino un simple medio de intercambio basado en una idea que ha sido aceptada nacionalmente.

Lo único que compramos es trabajo

Lo único que el dinero puede comprar es trabajo. Ya me imagino que muchos de ustedes están listos para discutir conmigo.

Toma como ejemplo un automóvil. Quizás te pongas a pensar sobre todo el metal, la goma, la tela y el vidrio usado para su fabricación. «Todo eso cuesta dinero» dirás tú. La realidad es que todas las materias primas en un automóvil fueron dadas sin costo por la naturaleza. El metal que fue usado para construir la carrocería, el motor y muchas otras partes de un auto fue extraído de la tierra. Ella no le asignó un precio a los minerales o las rocas que contienen metales. El precio se introdujo para darle compensación a los mineros que extrajeron la mena y ganancias a la compañía de minería. Lo mismo es cierto con respecto a los vidrios, los materiales de tapicería y la goma que se encuentran en un automóvil.

¿Y la comida que comes? Estoy seguro que tú estarás de acuerdo conmigo cuando digo que lo que pagas cuando compras maíz o papas, lo que estás pagando no es los productos en sí, sino la mano de obra que estuvo involucrada en la cultivación y cosecha de ellos.

El precio que pagaste por tu casa cubre sólo el trabajo de cortar árboles para producir madera, fabricar cemento con materiales extraídos de la tierra y edificar la estructura.

Todo esto me lleva a la siguiente conclusión: lo único que puedes comprar con dinero es trabajo; y el valor el trabajo no es estable. Cuando yo era niño, un obrero ganaba tan sólo un dólar al día. Hoy, el sueldo mínimo es siete dólares con veinticinco centavos por hora. Hace un tiempo, $1.000 en el banco hubieran sido un buen pago inicial para la compra de un hogar y algunos muebles. Hoy en día, el precio medio de un hogar en los EE.UU. es superior a los $350.000. Los pagos iniciales pueden ser de entre cero a veinte por ciento (eso sería unos $70.000 por un hogar de $350.000).

No te desanimes. Yo te estoy presentando estos hechos, que parecen devaluar el dólar, por una razón. Lo que aprenderás ahora hará que más adelante te sea mucho más fácil obtener lo que quieres en la vida.

En los Estados Unidos, nuestro dinero consiste en monedas de plata, latín y cobre de varias denominaciones pequeñas, y de billetes regulados por la ley. La necesidad de contar con un medio de intercambio fue reconocida hasta por las civilizaciones más antiguas y este medio asumió varias formas.

Una de las más primitivas fueron las conchas: conchas de caracoles africanos y americanos. El grano y las vacas eran usados como dinero o trueque; tanto el animal como el abono que producía eran considerados valiosos. La ley romana permitía hacer pagos con bueyes y ovejas. Los cartagineses usaban como dinero un objeto envuelto en cuero. El ron se usaba como moneda en Nueva Gales del Sur y en Escocia se usaban clavos para el mismo propósito. En la Virginia colonial se usaba el tabaco; en Massachusetts las balas de mosquete. En México se usaban trozos de jabón. En el antiguo Egipto y en Mesopotamia, la moneda más antigua usada de manera comercial eran barras de oro que debían ser pesadas antes de cada transacción. Las monedas más antiguas que se conocen estaban hechas de un material llamado electro, una aleación natural oro y plata. El rey Creso fue el primero en acuñar monedas usando oro y plata pura.

A medida que las civilizaciones fueron avanzando, las monedas de oro y plata y los billetes basados en ellas se convirtieron en la moneda corriente del comercio domestico e internacional.

Por todas partes del mundo, el dinero respaldado por reservas de metales ha sido abandonado desde la Gran Depresión (1929-1939) a cambio de moneda de curso legal.

¿Y qué de ser dueños de algo?

La mayor parte de las personas no entienden bien el concepto de la propiedad. Es natural decir: «Yo soy dueño de esto», o: «Esto me pertenece.» En realidad, ninguno de ustedes es dueño de nada.

Tal vez tú compras una casa y con mucho orgullo declaras: «Yo soy dueño de esta casa.» Esa casa es tuya siempre y cuando tu pagues los impuestos sobre la propiedad. Deja de pagarlos y te quitarán la casa.

Ese auto que manejas quizás ya esté completamente pago, ¿pero estás seguro que es propiedad tuya? Mientras sigas pagando las licencias anuales y los impuestos, el auto seguirá siendo tuyo.

Ninguna de tus posesiones son realmente tuyas. El jardín que rodea mi casa está muy bien cuidado, casi como un pequeño parque. Es mío? Sí lo es—siempre y cuando yo siga invirtiendo dinero para el jardinero y el agua; sino ese jardín se secaría. Tu vestuario tal vez esté completo; quizás no necesites comprar más ropa. Sin embargo, la ropa se gasta continuamente y los estilos cambian. La madera en tu casa puede ser afectada por el clima o ser atacada por termitas. Sin un mantenimiento constante, tu hogar sufrirá daños y perderá su valor.

En esta vida, tú no eres dueño de nada. Tú puedes usar varias cosas—siempre y cuando tú pagues tus impuestos y tomes buen cuidado de ellas.

¿Qué has aprendido hasta ahora y cuánto te ayudará este conocimiento? ¡Mucho! Tú has aprendido que el dinero sólo compra trabajo y que la cantidad de trabajo que tus dólares compran depende del valor de este trabajo.

En esta vida, tú no eres dueño de nada; tú simplemente tienes la oportunidad de usar cosas materiales. De hecho, tú no eres dueño ni de tu propio cuerpo; lo tienes a préstamo. Cuánto lo seguirás teniendo depende del cuidado que tú le otorgues.

Hace varios años, yo di un discurso sobre este mismo tema: *El dinero, un mito*. Unos meses después, yo recibí una carta de un miembro de la audiencia.

Estimado Ben Sweetland,

Su discurso sobre el dinero fue un punto de inflexión para mi vida.

Mi negocio estaba en una condición precaria; las facturas estaban muy por encima de mis ingresos. Parecía que en cualquier momento iba a aparecer una nota del alguacil en mi puerta.

Dinero—dinero—dinero era lo único que ocupaba mis pensamientos. Yo pensaba tanto en el

DINERO—Y EN MI INCAPACIDAD PARA OBTENERLO—QUE
MI MENTE QUEDÓ CASI PARALIZADA. MI MENTE NO PODÍA
PENSAR LÓGICAMENTE.

DESPUÉS DE ESCUCHAR SU CHARLA SENSATA, YO EMPECÉ
A VER MI NEGOCIO DE UNA MANERA COMPLETAMENTE
DIFERENTE. «YO LO QUE YO QUIERO NO ES DINERO»
PENSÉ YO. «LO QUE YO NECESITO ES VENTAS PARA PODER
SATISFACER A MIS ACREEDORES.»

ANTES DE ABRIR MIS OJOS A ESTA REALIDAD, YO HABÍA
ESTADO VISUALIZANDO A MIS ACREEDORES COMO
DEMONIOS CON SONRISAS SARDÓNICAS Y BRAZOS
ESTIRADOS, ESPERANDO PODER APLASTARME.

YO CAMBIÉ Y LOS COMENCÉ A VER COMO AMIGOS—
¿PORQUE ACASO NO HABÍAN CONFIADO EN MÍ? Y
COMO AMIGOS, YO SABÍA QUE ELLOS SEGUIRÍAN
SIENDO AMABLES.

LLAMÉ A CADA ACREEDOR Y LES DIJE GRACIAS DE LA
MANERA MÁS AMABLE POR SU EXTREMA PACIENCIA—Y
LES DIJE QUE YA HABÍA RECONOCIDO LA VERDADERA
CAUSA DE MIS PROBLEMAS—Y QUE PRONTO MIS
FINANZAS ESTARÍAN MEJOR E IBA A PODER PAGAR TODAS
MIS DEUDAS.

TODOS MIS ACREEDORES COOPERARON CONMIGO. ESTO
ME DIO UN SENTIDO DE ALEGRÍA Y LIBERTAD EN LA MENTE
Y AL POCO TIEMPO PUDE PAGAR MIS DEUDAS Y DISFRUTAR
DE UN NEGOCIO CRECIENTE.

MUCHÍSIMAS GRACIAS POR HABERME DESPERTADO A
LA REALIDAD.

Una vez que te hayas dado cuenta que el dinero es sólo una

herramienta que te permite alcanzar tus metas y que existe para facilitar el comercio, tú obtendrás una perspectiva más amplia con respecto a las numerosas facetas de la vida. Tú no estás trabajando por recibir los certificados emitidos por un gobierno (dinero) que recibes cuando cobras; tú estás trabajando para obtener comida, ropa y un hogar. El dinero te ofrece un medio útil para poder evaluar el valor de las comodidades y los servicios que tú compras.

¿Qué quieres lograr?

¿Quieres guardar todo tu dinero? ¿O estás haciendo planes para mudarte a un hogar más lindo, enrolar tus niños en una escuela mejor, viajar y asegurar tu futuro?

Mantenerte concentrado en lo que tú quieres hará que las fuerzas de tu Mente Creativa empiecen a trabajar, guiándote en tus pensamientos y acciones para que puedas obtener tus objetivos.

Lo extraño es que cuando el dinero es tu objetivo, hay tantas formas de obtenerlo que tal vez tú te confundas con respecto a cuál dirección debes tomar. Pero si te entusiasmas por algo (como un hogar, por ejemplo) tu Mente Creativa usará sus poderes de razonamiento y te mostrará el camino para comprar ese hogar.

Los logros son la satisfacción más grande en la vida. Los hombres y las mujeres notables de la historia son consideradas grandes no por los dólares que acumularon, sino por sus logros.

Henry J. Kaiser es una de estas figuras. Sí, él era un hombre muy próspero, pero en su tiempo lo describieron como «el empresario más audaz y espectacular de América.» Este empresario creó un imperio de industrias, cualquiera de las cuales sería considerada un gran logro. Como el «padre de la construcción naval moderna», él tal vez es conocido principalmente por sus buques Liberty:

una clase de buques de carga y transporte que fueron utilizados durante la Segunda Guerra Mundial.

Cuando la mayoría de las personas oyen el nombre Henry Ford, ellos no suelen pensar en términos de su riqueza. Ellos lo conocen como el hombre que le dio al mundo un método barato de transportación.

Charles Lindbergh era un hombre bastante próspero y sin embargo, hoy lo conocemos como el primer hombre que completó un vuelo transatlántico sin escalas.

F.W. Woolworth acumuló una fortuna, pero para la gente anciana, su nombre les hace recordar una cadena nacional de tiendas. (Esas tiendas ya han cerrado y han sido adquiridas por otras empresas o cambiado de nombre. En los Estados Unidos, la compañía adoptó el nombre de su tienda principal: Foot Locker, Inc.) Él mismo construyó el edificio Woolworth en la ciudad de Nueva York. Hoy es considerado un sitio nacional histórico.

Luther Burbank fue reconocido mundialmente por haber desarrollado muchas razas y variedades de plantas a través del mestizaje de vegetales y frutas. A él todavía se le conoce por las ciruelas, bayas y lirios que el produjo—y no por el dinero que él hizo con ellas.

Bert Ross decidió cuando era niño que iba a ser rico. Cuando se casó, los hábitos frugales de su adolescencia le dieron rédito; él contaba con casi $3.000 en el banco. Él ahorró todo lo que pudo con sus cheques, pero con una familia creciente y algunas inversiones imprudentes, sus ahorros no crecieron lo suficientemente rápido. De hecho, su cuenta bancaria a veces mostraba un balance más bajo que el que había mantenido cuando él era soltero.

Un día, Bert escuchó un discurso sobre la irrealidad del dinero; de hecho, los mismos pensamientos contenidos en este capítulo. Lo primero que él quería era un hogar cómodo en los suburbios, con un jardín grande para sus hijos.

Desde el día que él concibió la idea hasta el día que su familia se mudó a su nuevo hogar, él fue guiado en cada paso. Por medio del mismo proceso mental, Bert Ross acumuló todo lo que él necesitaba para acompañar a su casa nueva: ropa fina para él y su familia, un automóvil nuevo. Él llevó su familia de paseo por Hawái y luego hizo planes para visitar Europa.

¿Acaso Bert Ross es un caso excepcional? ¡No! Yo creo que sería imposible incluir todas las historias de éxito de aquellos que piensan en términos de obras—no dólares.

Otra historia que a mí me gusta compartir es la de un tal Will Erwin que viajó hacia Chicago para ser entrevistado por una gran compañía que estaba otorgando franquicias territoriales. Will quería tanto ser parte de esta empresa que él no podía verse haciendo cualquier otra cosa salvo promoviendo ese producto.

«Escuche, Sr. Erwin, esta franquicia requiere una inversión inicial de $2.000. ¿Está usted en una posición económica que le permita invertir este tipo de dinero?» Will vació sus bolsillos y sacó menos de dos dólares en monedas.

«Esto es lo único que me separa del hospicio para los pobres» dijo Will sin cualquier tipo de lástima por sí mismo. «De hecho, yo tuve que pedir dinero prestado para pagar mi viaje a Chicago. Pero guárdeme ese territorio» le pidió Will. «Yo juntaré el dinero dentro de dos semanas.» Y él cumplió su palabra. En menos de dos semanas, él envió un cheque de caja con los $2.000 para su franquicia.

En los días después de su entrevista, la mente de Will no estaba centrada en los $2.000; estaba en la franquicia. Su mente rebosaba con ideas constructivas de cómo ser propietario del negocio.

Hay otro elemento más de esta historia que me gustaría enfatizar. ¿Recuerdas cuando dije que Erwin estaba entusiasmado con la idea de la franquicia? A mí me gusta pensar que el entusiasmo es un pensamiento encendido. Cuando tú estás entusiasmado con algo, tú nunca tienes que forzarte a ti mismo a hacerlo. Tú emprendes muchos proyectos—grandes o pequeños—porque quieres hacerlo. Hay una urgencia en tu interior que te llena de emoción a medida que tus ideas se convierten en realidad.

Así que no tengas el dinero como objetivo; búscalos en conexión con tus metas. Tu progreso será aún más grande y te divertirás más al ver como tus objetivos se van cumpliendo.

CAPÍTULO 9

RIQUEZA:
UNA CUESTIÓN DE
CONSCIENCIA

¿CUÁNTO DINERO SE NECESITA para ser rico? Esta tal vez sea una pregunta que nunca te hayas hecho. A la mayoría de las personas les gustaría ser ricos. Pero si fueras a preguntarle esto a un grupo de personas, ellos te darían una variedad de respuestas. Yo recuerdo cuando yo me hubiera sentido rico con mil dólares.

Un día, en Nueva York, yo estaba almorzando con un inversionista bien conocido de Wall Street. Su riqueza constantemente estaba subiendo o bajando por uno o dos millones de dólares. Durante nuestra conversación y con una expresión seria en el rostro, él me dijo: «Voy a tener que empezar a recortar gastos; mi contador me informó que ya estoy en mi último millón.»

¿Ya ves? Las riquezas son algo relativo. Lo que puede ser considerado riqueza por uno tal vez para otro sea una miseria.

Yo dudo que aquellas personas que piensan que $1.000 (o hasta $5.000) representan riquezas pudieran imaginarse a sí mismos como millonarios. Sí, ellos quizás sientan envidia contra un millonario y piensen qué maravilloso sería tener un millón de dólares, pero ellos jamás podrían verse a sí mismos como dueños de semejante cantidad de dinero.

Por otro lado, alguien que cuenta con la consciencia de un millonario sería incapaz de ver mil dólares como alguna otra cosa más que cambio suelto.

Si la riqueza es una cuestión de consciencia, ¿cómo hace uno para adquirir una consciencia de riqueza? Esta es la pregunta principal y la respuesta no es tan fácil de entender.

Para ti que quizás tienes poco o nada de dinero, ¿sería difícil imaginarte con cien dólares? ¡No! Tú inmediatamente podrías divisar muchas maneras para conseguir esa suma de dinero. Si tú estás acostumbrado a tener un millón de dólares o más, ¿¡sería difícil imaginarte a ti mismo poseyendo otro millón más? ¡Claro que no! Tus poderes de razonamiento podrían elaborar planes rápidos para sumar esa cantidad de dinero a tu fortuna.

Estas preguntas y sus respuestas nos dan la clave para saber cómo podemos conseguir una consciencia de riqueza. Todo depende de llegar a un punto en el cual tú puedes verte a ti mismo en posesión de un millón de dólares. Recuerda, esto no significa que debes desear un millón de dólares; significa que tú realmente puedes verte como un millonario.

Si tú fueras una persona flaca y débil, sería imposible verte a ti mismo ganando un combate de lucha libre contra una persona atlética, ¿no? Sería necesario que tú entrenes para poder prepararte.

Lo mismo es cierto con respecto a una consciencia de riqueza. Si te has estado viendo en circunstancias difíciles, vas a tener que entrenarte a ti mismo. Tendrás que alcanzar un punto en el cual tú sabrás—sin ninguna duda—que tú puedes ser rico. Hacer esto puede ser tan fácil como tú quieres que sea—o tan difícil como tú decidas.

¿Recuerdas el lema que yo compartí antes? «Un hombre puede

arrastrarse por la vida por muchos años sin ningún logro a su nombre ... hasta que en algún momento ... e inesperadamente ... un pensamiento poderoso entra a su consciencia ... y un líder es creado.»

Yo conozco a un hombre que acumuló una fortuna sin jamás haberse apartado de su silla de ruedas. ¿Lo hizo sintiendo pena por sí mismo? ¿Lo hizo viéndose como un hombre discapacitado? ¡No! Un pensamiento poderoso tomó raíz en su consciencia, un pensamiento que le dijo que la mente y no el cuerpo era más importante para acumular dinero. Su mente estaba sana e intacta, así que él decidió convertirse en un hombre rico—y eso hizo.

Yo no creo que exista otra fuerza de motivación más potente que la de tener un deseo por algo que no tienes. Si tú puedes alcanzar aquel punto donde eres capaz de verte a ti mismo disfrutando de algo que deseas—algo en la vitrina de una tienda, en un periódico o una revista, por ejemplo—tú pronto descubrirás que tu imaginación constructiva estará trabajando para ingeniarse maneras para conseguir lo que quieres.

Una etiqueta de precio invisible

¿Cuánto vales tú? ¿$50 por semana? ¿$150 por semana? ¿$250 por semana? Aunque tú lo sepas o no, tú llevas contigo una etiqueta de precio invisible. Aquellos que ganan $50 no se ven a sí mismos con un valor que exceda esa figura. Ellos tal vez deseen valer más, pero en su visión interior ellos se ven como gente de $50 por semana. Lo mismo ocurre con aquellos que ganan $250 semanales; ellos se ven a sí mismos con ese valor personal.

Cuando yo era un muchacho joven, tuve una experiencia que me enseño una gran lección. Yo había tomado un curso por correspondencia sobre los principios básicos de la publicidad y había conseguido un trabajo en esa área en Nueva York. Mi salario era de $25 por semana. Mi vecino era cabeza de un departamento en una empresa de ventas por correspondencia y él ganaba una suma fabulosa de $42 por semana. Yo lo envidiaba—mucho más de lo que estaba dispuesto a admitir.

Un día, yo leí una propaganda en una revista de publicidades que buscaba un empleado con ciertas características en el campo de publicidad. Yo sentí que yo era la persona apta para ese puesto, así que yo apliqué para el trabajo. Al poco tiempo me llamaron para organizar una entrevista. ¡Yo estaba lleno de entusiasmo! Esta era mi oportunidad para tener un sueldo similar al de mi vecino. Fui a la entrevista con el jefe de la compañía y él me entrevisto por más de una hora sobre mi habilidad para hacer el trabajo. «Hasta ahora todo parece estar bien» dijo él. «Ahora, ¿qué piensas sobre tu salario?»

«Me gustaría empezar con $40 por semana» yo le dije tímidamente. El hombre de repente estalló con risas.

«Tú tendrías empleados trabajando para ti que estarían ganando $25.000 al año» él dijo tras calmarse. Luego él dijo algo que realmente me impactó: «Bueno, pues parece que tú ya sabes cuánto vales.» Él se paró de su silla y terminó la entrevista.

Sin haberme dado cuenta, yo había estado vistiendo una etiqueta invisible. Yo me había estando viendo a mí mismo como uno que ganaba de $25 a $40 por semana. No fue hasta que yo cambié la cifra en esa etiqueta invisible que por fin empecé a salir adelante.

Por favor, no me malinterpretes. No estoy queriendo decir que un hombre que vale $50 por semana debería estar ganando $100 o más cada semana. Eso sería absurdo.

Si uno no está satisfecho con su sueldo actual y si uno puede visualizarse a sí mismo ganando dos o tres veces más de lo que ahora está ganando, esa persona desarrollará una urgencia por mejorarse a sí misma, para así poder multiplicar su valor personal.

Bob Reed había estado ganando $75 por semana, apenas lo suficiente para apoyar a su familia. Un domingo él y su esposa fueron invitados a pasar el día en el bote de un amigo. Ellos disfrutaron tanto del día que mientras regresaban a su hogar, Bob le dijo a su esposa: «Cariño, ¿no estaría bueno tener un bote así?» Ella estaba de acuerdo.

Bob no dijo nada más acerca de ello, pero ni bien llegaron a casa, él tomó un lápiz y papel y comenzó a hacer unas cuentas. «¿Cuánto más tendría que ganar yo para poder comprar un barco así?» él se preguntó. Él decidió que con unos $25 adicionales por semana bastaría. El deseo de Bob por tener un barco para disfrutar en los fines de semana era tan fuerte que él puso a sus fuerzas constructivas mentales a trabajar en guiarlo hacia maneras para aumentar sus ingresos. Lo interesante es que él no se conformó con el sueldo necesario de $100; él siguió aumentando el número en su etiqueta invisible. Al final Bob compró ese barco y mudó su familia a un hogar mucho más grande e imponente.

De tanto en tanto yo tenía el placer de poder charlar con grupos de vendedores, impartiéndole pensamientos con la intención de motivar esos vendedores para aumentar su productividad.

Yo le dediqué una de esas charlas al tema de la etiqueta invisible que todos llevamos. Tras concluir, yo le pedí a la audiencia que me prometieran que de allí en adelante, ellos iban a multiplicar el precio invisible que habían estado vistiendo. Les dije que no sólo deberían acostumbrarse a ese nuevo número, sino que también debían hacer planes para elevar su estilo de vida para ajustarse a su nuevo sueldo, aunque implicara la compra de un bote, un auto nuevo o un hogar nuevo.

El gerente de ventas luego me informó que el número de ventas había aumentado bastante en casi todos sus vendedores. Un vendedor, después de la charla, dijo: «Ah, yo no creo en esas tonterías de engañarse a uno mismo.» Resulta que él fue uno de los pocos que no aumentaron sus ventas. Yo me pregunto, ¿quién estaba engañando a quién?

Abraham Lincoln dijo: «Dios debe haber amado a los pobres, porque Él creó tantos.» Como tú estás aprendiendo que las riquezas son una cuestión de consciencia, yo creo que la mayoría de las personas son pobres por causa de sus mentes negativas. Estas mentes derrotistas no vienen de Dios, porque cuando nacen no son ni positivas ni negativas. Al contrario, los temores, los problemas psicológicos y los bloqueos mentales que la gente sufre a lo largo de la vida son plantados en sus mentes durante su niñez.

Invariablemente, las personas con las etiquetas de precio más bajas son los que oyeron frases como: «El dinero no crece en los árboles»; «no somos ricos; tenemos que trabajar mucho por cada dólar que ganamos.» Ellos crecen con una imagen mental de sí mismos que les obliga a esforzarse mucho para ganarse la vida. De hecho, ellos esperan arreglárselas con lo justo. Estas imágenes mentales se quedarán con ellos a lo largo de sus vidas—a menos que ellos hagan algo para cambiarlas.

La gente muchas veces me pregunta: «Si es tan fácil hacerse rico, ¿porqué no somos todos ricos?»

Parece una pregunta bastante sensible. La respuesta es que pocas personas entienden lo fácil que es ser rico. La mayoría de las personas, ya sea de manera consciente o inconsciente, siente que hacerse rico requiere años de trabajo agotador. Cuando yo les digo que lo único que necesitan hacer para cambiar su condición es cambiar sus pensamientos, ellos son escépticos.

Hay una fábula que nos explica muy bien la diferencia entre un pensador negativo y uno positivo. Estoy seguro que a ti te gustará.

Henry John era un hombre fuerte y saludable que jamás había sido exitoso. Él envidiaba a la gente rica, pero nunca podía verse como alguien bendecido. John Henry era un hombre próspero y de mala salud. Él pasaba mucho tiempo bajo el cuidado de un médico. Él envidiaba a los hombres robustos como Henry John y muchas veces decía que estaría dispuesto a dar su fortuna a cambio de poder ser sano.

Un cirujano reconocido mundialmente llegó al pueblo; él declaró que podía tomar a dos hombres e intercambiar sus cerebros. John Henry y Henry John se reunieron y decidieron cambiar de cerebros. Henry John cambiaría su cuerpo saludable por la riqueza de John Henry y un cuerpo enfermo. La operación se llevó a cabo y por un tiempo pareció ser exitosa.

John Henry—ahora un hombre pobre—estaba tan acostumbrado a pensar en términos de riqueza, que él en poco tiempo acumuló otra fortuna. Sin embargo, cuando él recordó todas las enfermedades que había padecido antes, su cuerpo no tardó en desarrollar nuevos dolores y molestias.

Henry John—ahora un hombre rico—siempre había pensado de sí mismo como una persona pobre. A través de inversiones y gastos imprudentes, él rápidamente gastó toda la fortuna que había conseguido en el trueque de cerebros. Como él nunca pensado que su cuerpo era enfermizo, él no se preocupó por sus molestias físicas. Por lo tanto, su cuerpo recuperó y se hizo tan fuerte y lleno de vigor como su cuerpo anterior.

Con el tiempo, ambos hombres regresaron a su condición original: el hombre rico volvió a ser rico y el hombre pobre volvió a ser pobre.

Cuando yo te digo que debes tener una consciencia rica para poder ser rico, no pienses que es alguna clase de engaño. El simple hecho de verte a ti mismo como alguien rico no significa que tú harás rico de forma mágica. Tu Mente Creativa, con sus poderes de razonamiento, guiará tus pensamientos y acciones; ella te dirigirá para que pienses los pensamientos y hagas las cosas necesarias para entregarte el éxito que tú imaginaste.

Obteniendo una consciencia de riqueza

«¿Cómo puedo obtener una consciencia de riquezas?» te estarás preguntando.

Hay un proverbio antiguo que dice: «Busca amigos industriosos, porque los perezosos te quitarán energía.»

¿Alguna vez has notado que cuando pasas una hora o dos con una persona exitosa—una persona dinámica—tú te quedas con ganas de también hacer algo? Pero cuando tú pasas una o dos horas con una persona perezosa, te quedas con una actitud apática y desinteresada. Hasta que tú no generes amistades con gente merecedora, será mejor invertir tu tiempo en leer libros que valgan la pena en lugar de desperdiciarlo con aquellos que te «quitarán energía.»

Prueba hacer algo que aumentará tu éxito.

Un hombre compró una casa vieja que necesitaba reparaciones y cuyo precio había sido rebajado. En su tiempo libre, él trabajó para dejarla en un estado habitable. Después de conseguir un inquilino, lo cual aumentó sus ingresos, él empezó a buscar alguna otra propiedad de este tipo. Él encontró una y también la restauró y alquiló. En breve él multiplicó sus ingresos hasta poder ensanchar sus negocios. Él sacó un préstamo para construir primero uno y luego dos grandes moteles. Este hombre, que comenzó trabajando como un carnicero, llegó a vivir en una residencia valorada en casi $1,000.000.

Hay dos palabras que tienen mucha importancia sobre una consciencia de riquezas y su homólogo negativo: una consciencia de fracaso y tristeza.

Una de esas palabras es *fe*. Muchos te han dicho que el éxito es una cuestión de fe. Aquellos que han fracasado son considerados personas de poca fe. Esto no es cierto. Los que han fracaso tienen tanta fe (o aún más) que los que han triunfado.

La otra palabra es *imaginación*. Muchos libros de ayuda personal están escritos alrededor de esta palabra. Los autores escriben cosas como: «Primero debes imaginarte como un éxito.» «Pero yo no tengo imaginación» dirás tú. La imaginación es la habilidad para ver cosas como aún no son. Los que tienen una imaginación constructiva verán las cosas como ellos quieren que sean. Aquellos que tienen una imaginación negativa ven las cosas como temen que serán. Todos somos capaces de usar la imaginación, ya sea de manera constructiva o negativa.

Yo creo que una razón por la cual la gente tiene problemas elevando sus expectativas por encima de las circunstancias presentes es que el contraste entre lo que ellos tienen y lo que les gustaría tener parece ser demasiado grande. Por ejemplo, si a ti te quedan sólo $50, es más probable que la distancia entre $50 y $500.000 sea inimaginable para ti. Supongamos que tú tienes un centavo. ¿Sería difícil duplicar ese centavo y convertirlo en dos centavos? ¡Por supuesto que no! Y sería difícil tomar esos dos centavos y multiplicarlos para acabar con cuatro? Queda claro que no sería tan difícil ir duplicando ese dinero muchas veces, ¿no?

¿Has escuchado el cuento del niño que tuvo una oferta de trabajo con un salario inicial de sólo un centavo en el primer mes, pero con un acuerdo de que esta cifra iría duplicándose cada mes por un periodo de tres años? El niño rechazó la oferta, como mucha gente también lo haría. Pero él tendría que haberlo pensado dos veces. Empieza con el número uno y duplícalo; sigue duplicando esa cifra 36 veces más. Por ejemplo: 1-2-4-6-16-32, etc. Pruébalo y verás que si el niño hubiera aceptado ese trabajo por tres años, el último mes de ese periodo le hubiera dado $1.372,796.089,60. ¡Quién sabía que un centavo podía transformarse en una cifra tan fabulosa en tan poco tiempo!

Tal vez hayas notado una similitud en los capítulos que has leído hasta hora. Esta similitud continuará a lo largo de este libro. Sería fácil condensar este libro en el espacio de una o dos páginas y en ese espacio darte los elementos fundamentales para desarrollar salud, prosperidad y felicidad. Sin embargo, yo temo que sólo una pequeña parte de ustedes obtendrían lo bueno que yo espero puedan conseguir al leer esta obra.

A lo largo de este libro, te he presentado principios y sus aplicaciones. Un principio explicado de cierta manera resonará con algunas personas; otras tal vez lo pasarán de alto sin llegar a entenderlo completamente. Yo creo que al presentar estos principios desde varios ángulos, ellos serán más fáciles de entender para la mayoría de ustedes—o quizás hasta cada uno de ustedes.

¿Eres un fanático de los concursos?

¿Te gustan esos concursos que aparecen en los periódicos, las revistas o en el Internet? ¿Pasas largas horas de la noche tratando de solucionar los acertijos? ¿Te sientes desanimado cuando se anuncia la lista de ganadores? Tal vez estuviste ojeando esos $10.000 en efectivo o el viaje a Hawái con todo incluido.

Si lees este libro cuidadosamente, tú no necesitarás ganar ningún concurso. Tú podrás alcanzar cualquier altura que puedas imaginarte: $10.000 o más en efectivo; un viaje a Hawái, Europa o cualquier otro lugar que te interese. A diferencia de los concursos o las loterías, estos premios pueden ser concretos, no solamente una chance en un millón.

Por lo tanto, lectores queridos, empiecen ahora mismo a convertir sus deseos en realidades. Tú puedes verte a ti mismo en un hogar más grande y mejor—uno con muebles elegantes y una piscina privada. Tú puedes manejar los mejores automóviles y mandar tus hijos a las mejores escuelas y universidades. Tú sí puedes hacer que cada día de esta vida sea una experiencia de gozo. ¡Preparados! Te están dando la luz verde. Listos—¡YA!

CAPÍTULO 10

UN ESTUDIO EN CONTRASTES

«¡VAYA, QUÉ SUERTE VER ESA RUTA de cemento ahí adelante!» exclamó un conductor al dejar atrás un desvío escabroso. Después de volver a conducir sobre una carretera buena, él pudo realmente apreciarla. Si nosotros sólo tuviéramos rutas buenas, no las apreciaríamos tanto como lo hacemos cuando nos cruzamos con una ruta en muy mal estado.

Como las rutas de nuestro conductor, la vida está llena de contrastes—y son bendiciones. La vida sería muy apagada si no tuviéramos contrastes.

Piensa en el clima: el invierno con su nieve, su hielo y sus temperaturas heladas; el verano con su sol, calor y humedad. Tú no apreciarías una temporada sin haber pasado por la otra temporada contrastante. ¿Apreciarías la luz si no existiera la oscuridad? La luz sería lo único que conocerías. Cuando tú ves niños maleducados, ¿no te hace apreciar más a tus propios hijos respetuosos? Existe otro tipo de contraste—el bien y el mal. Si estás padeciendo de un dolor insoportable, ¿no sientes alivio cuando ese dolor se va? Tú aprecias la falta de dolor a diferencia de estar dolorido. Cuando escuchas sonidos discordantes y ruidos fuertes, ¿acaso la atmósfera no es más agradable cuando cesan? Hay muchos otros contrastes: tener hambre vs. estar satisfecho;

un marco agradable vs. un marco desagradable; la felicidad vs. la tristeza; la riqueza vs. la pobreza.

Un día yo estaba almorzando con un hombre que venía de una familia rica. Durante nuestra conversación, yo le conté algunas de las adversidades que afectaron mi vida: como pasé varios días con hambre al no tener dinero para comprar comida; como algunas noches me despertaba sin tener idea de dónde iba a dormir esa noche.

«Yo te envidio», le confesó este hombre. «Yo nunca supe lo que es vivir en un hogar sin sirvientes. Mi familia siempre ha tenido de cuatro a seis automóviles. Mi vestuario es grande y he viajado por muchas partes del mundo. Siento envidia por tus años de pobreza porque tú puedes apreciar completamente lo que tú ahora tienes.»

Este hombre fue sincero en cada palabra que dijo. Él no disfrutaba lo que tenía porque eso era lo único que conocía. Cuando los contrastes desaparecen en tu vida, tu existencia se hace aburrida.

Evita perder los contrastes

Supongamos que tú pasaste la mayor parte de tu vida en circunstancias bastante buenas. Supongamos también que, siguiendo los principios presentados en este libro, tú acumulaste una fortuna que te permitiría vivir en prosperidad por el resto de tu vida. Si tú solamente te concentraras en edificar tu vida, al poco tiempo perdería todo sentido para ti. No existiría ningún contraste. Pero si tú estableciste un plan detallado y a largo plazo, tú te asegurarías una satisfacción continua en tu vida. Por lo tanto, hablemos ahora sobre cómo delinear un rumbo para tu vida para que no acabes en un punto muerto y pierdas la felicidad que has ganado.

Tu primer paso quizás sea organizar tus finanzas: ajusta tus gastos según tus ingresos, o aumenta tus ingresos para cubrir tus gastos.

El siguiente paso podría ser organizar un programa de inversiones para así multiplicar tus ahorros para asegurar tu futura seguridad económica.

Luego podrías obtener una residencia: un hogar en el cual tú y tu familia podrían ser felices, con los muebles y los vehículos para suplir tus necesidades.

Una vez que hayas logrado estos objetivos, busca nuevas aspiraciones. Cuando llegues a un punto en el cual puedas considerarte como alguien rico, no hagas el error de retirarte. Yo me retiré una vez—y esos fueron los nueve meses más aburridos de mi vida. Yo me levantaba en la mañana sintiendo la necesidad de hacer algo constructivo—o por lo menos fingir ser productivo. No me tardó mucho volver a trabajar y en poco tiempo yo volví a estar más ocupado que antes de mi jubilación temporaria—y extremadamente alegre.

Cuando ya hayas organizado bien tus cuestiones financieras y la riqueza que has acumulado basta para satisfacer las necesidades de tu familia, tú ya estarás listo para participar en una de las cosas más emocionantes de la vida: ayudar a los otros.

El programa que acabas de leer te proveerá con una serie de contrastes continuos. Tú estarás en la posición envidiable de poder comparar bendiciones nuevas con las bendiciones existentes.

Sentir lástima de sí mismo

Yo no sé qué porcentaje de la gente siente lástima por sí mismo, pero estoy seguro que el número debe ser impresionante. Yo dudo que haya muchas personas que estén completamente libre la autolástima.

A veces yo me pregunto: «¿Por qué la gente siente lástima por sí misma?» En muchas ocasiones, la autolástima nace por causa de la falta de contrastes. Hay gente que vive bajo alguna condición adversa y en vez de tomar pasos para cambiarla, ellos sienten autocompasión por lo que tienen que sufrir. Si tan sólo pudieran darse cuenta que ellos tienen el poder para cambiar sus circunstancias, ellos estarían alegres por la oportunidad para cambiar la situación. Trabajando en conjunto, estas personas y sus imaginaciones constructivas podrían generar un contraste hacia su presente situación; ellos podrían dar vuelta la situación.

Mary Pickett era una de las típicas personas que siente lástima por sí misma. Ella decía cosas como: «Es sólo por mi suerte que esto me ocurriría»; «Tendría que haber sabido que iba a decepcionarme»; «¿Qué hice para merecerme toda esta mala suerte?» Mary solía portar una expresión de amargura en su rostro; ella pocas veces sonreía—nunca tenía ganas de hacerlo.

«¿Por qué siempre estás tan triste?» le preguntaban.

«¿Quién no estaría triste con todo lo que yo tengo que soportar» ella les respondía.

«¿Qué te está molestando?»

«No tengo amigos y estoy excedida de peso. ¿A quién le gustaría tener una amiga de mi tamaño?»

Tras algunas otras preguntas, Mary admitió que su falta de amigos se debía a que ella nunca intentó ser una amiga. Además, su cuestión de peso se debía a que ella no se interesaba mucho por su salud. Entonces que pasó con Mary? Ella dio vuelta su vida. Ella hizo amigos—muchos amigos—porque ella se esforzó para ser más amigable. Ella bajó de peso al cuidar su dieta y hacer ejercicio. Ella ya no sentía lástima por sí misma. ¿Por qué? Porque el contraste entre la Mary de antes y la Mary mejorada fue tan grande, que ella casi no podía creer que eran la misma persona. Su expresión de amargura fue reemplazada por una sonrisa radiante y contagiosa.

Ponte contento por ser quién eres! En vez de sentir lástima por ti mismo, acepta las circunstancias de tu presente como una fundación sobre la cual podrás edificar. Toma todos los elementos negativos que te molestan y conviértelos en elementos positivos. Cuando hagas eso, tú desarrollarás una serie de contrastes que te abrirán nuevos caminos de felicidad.

Durante un período de depresión en su área de negocios, un vendedor de una imprenta, Bill King, visitó a un cliente esperando poder conseguir una orden. «¿Cómo va el negocio?» le preguntó el cliente.

«Terrible» se quejó Bill.

«Escúchame, amigo. ¿Puedo darte un consejo? ¿Cómo puedes esperar inspirarme a gastar dinero cuando vienes cariz bajo y usas palabras como "terrible"?»

«Tienes razón, pero no te puedo decir que el negocio va bien cuando ambos sabemos que eso no es cierto» le respondió el vendedor.

«Bueno, pero tú estás trabajando para conseguir más clientes, ¿no?»

«Sí, claro.»

«Bueno. Entonces cuando los clientes te pregunten cómo va

el negocio, diles que estás más ocupado que nunca y les estarás diciendo la verdad.»

A regañadientes, el vendedor intentó la estrategia nueva y quedó asombrado con lo que ocurrió.

Un día, él fue a visitar a un vendedor junto antes de la hora de almuerzo. Cuando el hombre le preguntó acerca del negocio, Bill le dijo que jamás había estado tan ocupado. «Ven a almorzar conmigo» le dijo el cliente, haciéndole una oferta inesperada. «Es bueno pasar una hora con un emprendedor en vez de andar escuchando otra historia de lamentos.» Ambos hombres pasaron un momento grato y cuando regresaron a la oficina, Bill recibió una orden sustancial. Su actitud amigable y optimista, a diferencia de una actitud llorona, le dio ganas de comprar al cliente.

«Hay dos lados en cada historia» dice un refrán popular que suele tener razón. También hay un lado contrario para cada condición o situación. Si algo no te agrada, busca un contraste—no te conformes con soportarlo. Busca la condición o la situación que sería ideal para ti. Una vez que la hayas identificado, obtén la mejora que deseas aplicando los principios que has estado aprendiendo.

Este capítulo está lleno de conceptos que te harán pensar. Toma en cuenta lo que he escrito aquí cuando aparezca alguna situación que es inaceptable para ti.

CAPÍTULO 11

ENRIQUÉCETE EN TODO—MIENTRAS DUERMES

A UNQUE CADA CAPÍTULO en este libro es importante, este será la pieza clave que apoya a todos los demás. Te sugiero que no te apures al leer este capítulo. Si no tienes el tiempo para relajarte y leer este capítulo lentamente y cuidadosamente, sería mejor que dejes de lado el libro por un momento hasta que puedas apartar tiempo para poder absorber lo que lees.

Yo también te sugiero que antes de seguir leyendo, que vuelvas a leer las primeras páginas del Capítulo 1, que da una interpretación de las riquezas. Así podrás entender completamente lo que quiero decir cuando yo digo «hazte rico en todas las cosas mientras duermes.» Si no te haces rico en todas las cosas, tú no disfrutarás de una vida bien balanceada.

En el Capítulo 3, yo te ofrecí una descripción simple y lógica de la Mente Creativa. El capítulo que estás leyendo ahora te mostrará cómo aprovechar al máximo los poderes de tu Mente Creativa, especialmente cuando tu Mente Consciente está durmiendo.

Tu Mente Creativa nunca duerme. Ella se mantiene despierta desde el día que naces hasta el día de tu muerte. Ella se encarga de todas las ponderaciones involuntarias de tu cuerpo. Del alimento que consumes, ella extrae los elementos necesarios para abastecer la sangre, los huesos, los tejidos y la energía. Ella mantiene la circulación de tu sangre y le provee oxigeno fresco a tus pulmones por medio de la respiración. La Mente Creativa también acepta todos los pensamientos de la Mente Consciente; estos pensamientos son considerados instrucciones y son puestos en acción. Como ya he dicho en varias ocasiones, la Mente Creativa puede razonar independientemente de la Mente Consciente. Por lo tanto, ella no sólo está a cargo de las operaciones involuntarias del cuerpo, sino que también lleva a cabo el trabajo importante de seguir las instrucciones de la Mente Consciente. Y al llevar a cabo esas instrucciones, ella debe ser capaz de razonar.

La Mente Consciente no es un almacén de memorias. De hecho, la única información contenida en la Mente Consciente es la que está siendo utilizada. Hay un flujo constante de información saliendo de la Mente Creativa—a medida que es precisada por la Mente Consciente.

Aquí tenemos un ejemplo simple: supongamos que tú contratas a un carpintero para que haga un trabajo de reparación en tu hogar. Él tendría que inspeccionar el lugar y luego traer sólo las herramientas que necesitaría: un serrucho, martillo, barrena, nivel o lo que sea. Él no llegaría a tu casa con todas las herramientas y máquinas de su taller.

Lo mismo ocurre con tus dos mentes. La Mente Consciente traerá sólo la información que tú necesitas para llevar a cabo el trabajo que tú estás haciendo en ese preciso momento.

De tanto en tanto se presenta un obstáculo y los hechos requeridos no pueden llegar hacia la consciencia. Esto se llama olvidarse. Estos hechos no llegarán a la consciencia hasta que la Mente Consciente no le ordene a la Mente Creativa que encuentre esa información por medio de palabras como:«Ya me acordaré en un minuto.» Nunca uses una frase negativa, como por ejemplo: «Me olvidé.» Esto es lo mismo que instruirle a tu mente Creativa que no haga nada al respecto.

La Mente Creativa tiene habilidades de razonamiento que son independientes de la Mente Consciente, pero con una diferencia importante. Cuando la Mente Consciente toma una decisión, ella lo hace usando los hechos que ya están almacenados en la Mente Creativa o los hechos que ha obtenido a través de la investigación— información que está afuera de la Mente Creativa. Por lo tanto, la decisión podrá ser formada a base de hechos presentes, hechos recientemente adquiridos o alguna combinación de ambos.

Pero el razonamiento de la Mente Creativa está limitado a usar los hechos y la información que ya están contenida en ella. ¡Este es un dato importante y uno que debemos recordar! Las decisiones que son hechas a través del razonamiento de la Mente Creativa serán buenas o malas dependiendo de la información que ella contiene. Si tu mente tiene una tendencia negativa, tus decisiones serán negativas. Si tu mente tiene tendencias positivas, tus decisiones serán positivas.

Supongamos que tú tienes la oportunidad para adquirir tu propio negocio. Tal vez tú te apoyes en tu Mente Creativa para ayudarte a decidir si aceptarás la oferta. Antes de irte a dormir, tú quizás te digas a ti mismo: «Esta noche, mientras yo duermo, mi Mente Creativa trabajará con mi problema y me dará una decisión cuando yo despierte en la mañana.»

Si tu Mente Creativa tiene tendencias negativas, tu decisión quizás sea parecida a esta: «No, creo que no debería meterme en este negocio. No tuve suerte en el pasado y esta probablemente me hará perder dinero. Sería mejor concentrarme en mi trabajo— por más malo que sea.»

Por otro lado, si tu Mente Creativa sin duda tiene tendencias positivas y afirmadoras, tu decisión será similar a esta: «Esto es justo lo que estaba esperando. Con más estudios—y más trabajo— yo sé que puedo hacer crecer a este negocio. Mi decisión es sí.»

¿Ahora entiendes por qué yo te sugerí que guardes el pensamiento «yo puedo ser exitoso»? Guárdalo hasta que establezca una capa impenetrable de positivismo en tu Mente Creativa.

Cómo hacer que tu Mente Creativa trabaje para ti

Si tú contrataras a una persona para hacer tus mandados, ¿qué harías? Tú simplemente le darías las instrucciones correctas a esa persona. Si necesitabas mandar una carta, tú le dirías a tu ayudante que pase por el correo y envíe la carta. No tendrías que preocuparte por ello, porque tú estarías convencido que tu carta sería enviada. No dudarías en las habilidades o la voluntad de tu ayudante para llevar a cabo la tarea. De manera instintiva, tú sabrías que la tarea sería cumplida. Por lo tanto, tú le puedes dar instrucciones a tu Mente Creativa con la misma convicción despreocupada.

Supongamos que tú necesitas una gran cantidad de dinero para un proyecto o para alguna obligación. Tú podrías guardar este pensamiento: Yo seré guiado en pensamiento y acción hacia la solución para mi problema. Será fácil—y divertido—conseguir el dinero que necesito.

Dos cosas especificas ocurrirían rápidamente. Primero, tú ya no tendrías dudas sobre si podrías conseguir el dinero. Estarías asegurado, que al poco tiempo, el capital necesario estaría disponible.

Segundo, pensamientos llegarían a tu Mente Consciente, diciéndote que hacer e inspirándote para tomar pasos inmediatos para conseguir el dinero.

Aquí volveré a repetir la siguiente declaración: tu Mente Creativa funciona mejor cuando tu Mente Consciente está dormida u ocupada.

El jefe de la junta de una corporación grande dijo: «No hay manera que yo pueda hacer todo el trabajo que tengo con sólo doce meses en el año—pero si puedo hacerlo en diez meses.» Este hombre sabía algo acerca de la Mente Creativa. Él entendió que ella funciona mejor cuando la Mente Consciente está dormida u ocupada y por lo tanto, él hacía varios viajes en su yate. Antes de embarcarse, él le daba instrucciones a su Mente Creativa. Él tomaba cualquier problema que tuviera por delante y le ordenaba a su Mente Creativa que encontrara alguna solución mientras él navegaba.

Invariablemente, cuando regresaba a su oficina, lo único que él tenía que hacer era implementar las ideas que estaban entrando a su consciencia.

Cuando el yate grandioso del banquero americano J.P. Morgan, Jr. fue botado y preparado para su viaje de pruebas, yo recibí una invitación para el evento. Tuve la buena suerte de poder inspeccionar el bote con el mismo Sr. Morgan como guía. En su cabina personal, yo observé una mesa de cartas de un diseño especial. La parte superior de la mesa estaba contrabalanceada para que pudiera permanecer inmóvil, sin importar cuál fuera la inclinación del yate.

J.P. Morgan, Jr. me explicó que cuando él tenía que tomar una decisión—y no sabía cuál era la decisión correcta—él se olvidaba del problema tomando una baraja de cartas y jugando un solitario por una hora. Después de finalizar el juego, la decisión correcta ya estaba completamente clara en su mente.

Aunque el Sr. Morgan lo supiera o no, él estaba haciendo que su Mente Creativa trabajara para él. Mientras él jugaba a las cartas, su Mente Creativa (con sus poderes de razonamiento) analizaba su problema y elaboraba una solución lógica.

En su libro. *Putting Your Subconscious Mind to Work for You,* Robert Updegraff dijo:

No es tanto una cuestión de falta de poderío mental o habilidad y astucia para los negocios lo que previene que la gente progrese más rápidamente hacia sus objetivos y hacia una posición sólida en el mundo. Más bien, es porque ellos sólo usan media mente en los negocios. Como resultado—ellos esfuerzan demasiado a su mente consciente—demasiadas horas del día—y demasiados días del año. Nosotros nos sentimos virtuosos, porque trabajamos con tanto esfuerzo y tanta dedicación que al final nos cansamos, cuando en realidad deberíamos avergonzarnos de trabajar tan duro—y progresar tan poco—y de quedar exhaustos mentalmente.

Lo que el Sr. Updegraff quería decir con la expresión «media mente» es que nosotros tratamos de hacer todo nuestro trabajo de forma consciente sin aprovechar la tremenda reserva de poder que está a nuestra disposición en la Mente Creativa.

De ahora en adelante, tú debes formar el hábito de hacer que tu Mente Creativa trabaje para ti. Ella es una ayudante que trabaja las veinticuatro horas de cada día. A medida que vas aprendiendo a usar esa gran fuerza y esa fuente interminable de inteligencia, descubrirás que vas a tener más tiempo para diversión y esparcimiento.

¿Alguna vez has notado que la gente que más cosas hacen son aquellos que parecen trabajar menos que cualquier otro? El presidente de los Estados Unidos suele tomarse varias vacaciones durante el año. Tú ya sabes el peso enorme de su trabajo.

Los presidentes de las grandes organizaciones generalmente

toman por lo menos dos vacaciones por año y sin embargo, ya sabemos qué clase de responsabilidades tienen ellos.

La Mente Creativa trabaja mejor mientras la Mente Consciente está inactiva u ocupada.

Esto significa que para ser exitoso, tú debes dedicar más tiempo para tu diversión. Qué buenas noticias, no? En vez de trabajar más horas y con más esfuerzo, utiliza las fuerzas de la Mente Creativa para que ella se encargue de tus pensamientos constructivos y planificación; luego usa tu mente Consciente para poner esos pensamientos y planes en acción.

Tal vez te estés preguntando: «Si yo hago que mi Mente Creativa trabaje las veinticuatro horas al día, ¿no andaré siempre cansado mentalmente?» ¡No! Tu Mente Creativa ya está trabajando cada hora de cada día. Si sus esfuerzos no están dirigidos hacia algo positivo y útil a través de pensamientos constructivos, ella trabajara en contra tuyo al obedecer pensamientos negativos.

Hay dos puntos importantes que yo quiero enfatizar:

1.- Tu Mente Creativa, si tú lo permites, te guiará y hará que tu trabajo sea mejor, más fácil y más agradable.

2.- Tú puedes ordenarle a tu Mente Creativa que te ayude: solucionando problemas, haciendo las decisiones correctas y creando maneras para lograr grandes cosas.

Antes de avanzar, deja el libro por un momento y piensa acerca de las cosas que ya has aprendido. Si sientes tensión por causa del entusiasmo emocional que estos pensamientos han despertado en tu interior, relájate. En las siguientes páginas, tú recibirás una rutina que te permitirá vivir de acuerdo a estos principios y es importante hacerlo bajo las condiciones ideales.

Yo antes te dije que uno sólo se hace proficiente en cualquier tipo de trabajo cuando la Mente Creativa asume el control. Ahora es tiempo de aprender cómo ayudar a la Mente Creativa para que ella te ayude a ti.

1.- **Reconoce** que tu Mente Creativa está ocupada cada hora del día, y está trabajando para ti o contra ti.

2.- **Entiende** que tu Mente Creativa está trabajando para ti porque tú sólo tienes pensamientos positivos y constructivos.

3.- **Sé específico** en las instrucciones que le das a tu Mente Creativa. Si quieres mejorar tu salud, sabe que tu Mente Creativa está dirigiendo tus glándulas y órganos para traerle mejor salud a tu cuerpo; llegarán pensamientos a tu consciencia que te guiarán para hacer las cosas necesarias para mejorar tu salud. Si quieres avanzar más en tu trabajo, sabe que tu Mente Creativa te guiará a tomar los pasos necesarios para asegurar tu progreso. Si hay problemas que son obstáculos entre tú y tu felicidad, sabe que tu Mente Creativa, son sus poderes de razonamiento, te proveerá una solución práctica. Tu Mente Creativa está lista, dispuesta y preparada para ayudarte de cualquier manera que tú quieras.

4.- **Libera** tu mente de la preocupación. Como ahora ya sabes, tu Mente Creativa es la sede de la inteligencia. Si has estado prestando atención al leer estas páginas, tú ya sabrás que la cantidad de inteligencia consciente que tienes es nada comparada a la cantidad que tienes en tu Mente Creativa. ¡La preocupación te previene hacer las cosas que te permitirían prevenir no preocuparte! Esto es verdad. Preocuparse significa dudar de la inteligencia y el poder de tu Mente Creativa.

5.- **Ten fe.** Asegúrate de no estar simplemente deseando condiciones mejores a través de tu Mente Creativa. Siente el sentimiento de dominio propio que viene tras entender completamente la realidad de esta declaración: la Mente Consciente es el amo—la Mente Creativa es el siervo.

Una mujer me vino a pedir consejos acerca de algunos problemas. Ella no se podía llevar bien con su esposo; ella no tenía dinero para comprar ropa y tampoco tenía una oportunidad para ganar dinero debido al tiempo requerido para el cuidado de sus niños. Mis enseñanzas eran para otra persona—no para ella. Esta mujer se consideraba un caso perdido; no había tiempo para estudiar y mejorarse a sí misma.

Yo le dije que las respuestas a sus problemas estaban contenidas en su Mente Creativa. Si ella tenía fe en eso, ella encontraría la felicidad. Hablamos por más de una hora, pero parecía que la conversación no tuvo efecto. Ella estaba demasiado anclada en sus propias opiniones.

Seis meses más tarde, ella regresó—volvió tan cambiada que yo no la reconocí. Ella ya no era esa criatura angustiada de antes.

Esta mujer sí aceptó que su Mente Creativa tenía las respuestas para sus problemas y ella lo comprobó al otorgarle una oportunidad para solucionarlos. Ella empezó al saber que su Mente Creativa la guiaría hacia encontrar armonía con su marido. Ella visualizó un vestuario lleno de ropa fina y sabía que lo iba a tener. Ella supo que el problema de cuidar a sus hijos dejaría de ser un problema. Esta mujer me explicó con entusiasmo que su vida de matrimonio era maravillosa. Su familia tenía mucha ropa, sus hijos ahora eran una maravilla en vez de una carga. Y eso no es todo. Con sus bendiciones y su libertad de la ansiedad, ella se sentía—y se veía—mucho más joven.

Los resultados que esta mujer obtuvo son normales y deben ser esperados por todos los que utilizan la Mente Creativa.

Tu fórmula mágica

Tú ahora puedes concentrarte en el título de este capítulo: hacerse rico en todas las cosas mientras duermes. Sigue estas reglas para asegurarte la cooperación total de tu Mente Creativa.

1.- Relájate completamente antes de acostarte, tanto mentalmente como físicamente.

2.- Piensa en tu problema, pero no le tengas miedo. Si le asignaras una tarea a otra persona, tendrías que explicarte qué quieres que haga. Lo mismo es cierto con respecto a tu Mente Creativa. Tú estás a punto de darle una tarea especial; es importante que tú sepas exactamente lo que quieres de tu Mente Creativa. No le tengas miedo al problema, porque tú se lo estarás encargando a una inteligencia muy superior a la inteligencia de tu Mente Consciente.

3.- Desarrolla una actitud de éxito. Si tú crees en el poder de tu Mente Creativa, te será más fácil tener una actitud de éxito. Tú vas a saber que ella está lista, preparada y dispuesta a servirte.

4.- Quita de tu Mente Consciente todo pensamiento del problema, porque tú sabes que la solución se presentará en el momento adecuado.

Digamos, por ejemplo, que mañana tienes una cita importante a las diez de la mañana; a esa hora tendrás que tomar una decisión crucial. Esta tarde tú le estarás pidiendo a tu Mente Creativa que te ayude a tomar la decisión correcta. Después de pasar por esta rutina, entrégale todo esto a tu Mente Creativa—sabiendo que antes de que sean las diez de la mañana, tú tendrás la respuesta. Como era de esperar, mañana te despertarás y te llegarán pensamientos a tu consciencia: qué debes hacer y por qué debes tomar o no tomar cierta acción. Las ideas serán tan lógicas que no podrás dudarlas.

Lo que has leído en este capítulo no tiene precio. Vuelve a leerlo y hazlo parte de tu consciencia antes de comenzar el siguiente capítulo.

ACEPTANDO LA SUPREMACÍA DE LA MENTE SOBRE LA MATERIA

«TODO ESO DE LA MENTE sobre lo material es una tontería» declaró un hombre después de haber escuchado un discurso sobre el poder de la mente. «Cualquiera que cree en eso no es muy inteligente», agregó. Mucha gente se siente de la misma manera. Lo cierto es que todo lo que ha hecho el hombre primero empezó como un pensamiento o una idea; por lo tanto, declaraciones como la anterior están simplemente equivocadas.

Tal vez los oponentes del concepto de la mente sobre lo material en realidad no están opuestos a él; a ellos simplemente se les hace difícil creer que su forma de pensar—ya sea negativa o positiva— tiene un efecto sobre lo que les ocurre.

Para obtener todos los beneficios que este libro te ofrece, es muy importante que aceptes la supremacía de la mente sobre materia. Esto no debería ser demasiado difícil, ya que cada logro empieza con una idea.

Recuerda, por favor, que cuando yo hablo de la mente sobre

materia, no estoy hablando acerca de sectas, dogmas, ismos, magia negra, o cualquier otra cosa relacionada a lo sobrenatural. Yo estoy refiriéndome sólo al funcionamiento normal de la mente.

Al cubrir la mente y su funcionamiento, yo no quiero transmitir la idea de que yo sé todo acera de este tema. Fracasaría estrepitosamente si quisiera dar una definición correcta de la mente.

El Dr. J.B. Rhine de la Universidad Duke—un hombre que probablemente sabe más acerca de la mente humana que cualquier otra persona—empieza su libro, The Reach of the Mind, diciendo: «La ciencia no puede explicar qué es la mente y cómo trabaja con el cerebro. Nadie ni siquiera pretende saber cómo se produce la conciencia. ¿Qué clase de fenómeno natural es el pensamiento? No existen ni "teorías" acerca de esto».[3]

Los ingenieros eléctricos están bien entrenados en el uso de la electricidad, pero si tú les preguntas que te expliquen qué es la electricidad, no podrían hacer otra cosa más que adivinar.

Yo he le dedicado muchos años al estudio de la mente y he aprendido mucho acerca de su uso. Sin embargo, cuando se trata de qué es la mente, yo estoy completamente de acuerdo con el Dr. Rhine.

En muchas ocasiones, la expresión mente sobre materia es usada con respecto a la influencia de la mente sobre el movimiento de objetos, algo que también es llamado psicoquinesia.

En este libro, sólo nos enfocaremos en la influencia de la mente sobre materia en el sentido de que un ser humano controla lo material a través de direcciones mentales. Tú tienes una idea de

---

[3] J.B. Rhine, *The Reach of the Mind*, (New York: William Sloane Associates, 1947).

algo que quieres hacer. Preparas los materiales y produces la cosa que te imaginaste en tu mente. Con el tiempo, tendrás una réplica de ese objeto que visualizaste y tu logro será una manifestación de la mente sobre lo material.

Recuerda: La magnitud de tu proyecto es directamente proporcional a la imagen mental que tú creas. Por ejemplo, quizás imaginas en tu mente una carta que deseas escribir. No hay absolutamente ninguna duda de que no puedas hacer esto. Preparas el papel, el sobre, el bolígrafo y la estampilla y luego reproduces la imagen mental en forma material. Supongamos que deseas construir un edificio como el Empire State en Nueva York. ¿Hasta dónde llegarías? Este emprendimiento es tan gigantesco que sería difícil controlar tu mente de tal manera que te permitiera verte a ti mismo intentando—y ni hablar de completando—este trabajo de gran envergadura.

Ante esta ilustración puedes reaccionar diciendo: «Pero construir un edificio enorme requeriría una gran cantidad de dinero; sólo los ricos pueden contemplar semejante idea». Esto no siempre es verdad.

Yo conocí a un hombre obsesionado con la idea de ser dueño de un gran edificio de apartamentos. En vez de quejarse por su falta de dinero, empezó a pensar cómo comenzar semejante proyecto sin dinero. En el condado de Westchester (un suburbio de Nueva York), encontró un terreno ideal para sus apartamentos. Debido a su ubicación rentable, el precio del lote era muy alto.

Este hombre joven y ambicioso llamó al dueño del lote y le hizo una propuesta. Le dijo al propietario que, con ese lote, él podría sacar un préstamo lo suficientemente grande como para financiar la construcción de un bloque de apartamentos. Este muchacho luego le dijo que quería una parte del edificio a cambio de su trabajo en el proyecto y que él estaría a cargo de los apartamentos.

Su sinceridad impresionó al dueño de la propiedad y él aceptó la propuesta. El financiamiento fue finalizado y se contrató un arquitecto para encargarse del diseño de un hermoso complejo de apartamentos con doce pisos. Con el tiempo, este muchacho joven e inteligente, que empezó con sólo una idea, llegó a ser dueño parcial del edificio y manejó un negocio muy exitoso.

Las ideas buenas son mejor que el dinero, porque con ideas buenas no es difícil obtener dinero.

Quizás pienses que este joven emprendedor quedó satisfecho tras conseguir lo que tanto quería; no fue así. El entusiasmo por el triunfo era demasiado grande. Su próxima idea fue la creación de otro complejo de apartamentos, pero esta vez él tuvo el dinero para financiarlo por su propia cuenta. Según lo último que supe de él fue que estaba planificando un proyecto multimillonario para la construcción de un motel.

¿Cuál es el alcance de tus imágenes mentales?

Tú has aprendido que la Mente es el Hombre. En otras palabras, el tú que a las otras personas les agrada o no les agrada no es lo que ellos ven, sino lo que tú proyectas desde tu mente.

Por lo tanto, la estatura de una persona no se mide en pies y pulgadas, sino en sus logros. La gente de baja estatura puede ser grande si ellos dan la talla mentalmente. Volveré a citar las palabras de Napoleón Hill, quien dijo: «Lo que la mente del hombre puede concebir y creer, es lo que la mente del hombre puede crear».

Tal vez no sea sabio intentar llegar de un solo salto de una existencia mediocre al un nivel capitalista. Se puede hacer, ha sido hecho; y será hecho. La gente común, sin embargo, descubre que la distancia entre la oscuridad y la fama y riquezas es tan grande, que les resulta difícil concebir e imaginar que ellos pueden hacerlo.

Si yo quisiera abrir un negocio, no creo que empezaría con la intención de convertirlo en una cadena nacional o internacional. Lo abriría en una región a la vez y seguiría creciendo constantemente hasta cubrir toda la nación. Esto también hace que el trabajo sea más divertido. Si tú completas todo tu objetivo al mismo tiempo, eso seguramente te haría perder entusiasmo. Pero si lo haces paso por paso, cada vez que logres un pequeño objetivo, habrá una gran emoción y por el logro del siguiente paso.

Si tienes un buen reproductor de música digital MP3 o CD, podrás mantener tu interés vivo siempre y cuando vayas comprando música nueva. En el momento en que dejas de conseguir música nueva, tú interés empezará a flaquear y con el tiempo dejarás de usar ese reproductor.

Cuando tengas una idea buena, no te apresures a completarla. Debes sentirte impaciente por comenzar, no para terminar. Una vez que empiezas, puedes disfrutar del proceso y revisar cada paso completado con alegría. Esto previene que cualquier tarea se haga aburrida. Tu mente está enfocada en cada paso del proceso, no en el resultado final.

¿Piensas que estoy diciéndote cosas inconsistentes y contradictorias? A lo largo de este libro, te he mostrado lo fácil que es alcanzar el éxito. Ahora te digo que no apresures el proceso y a eso me refiero.

«La anticipación es más grande que la realización» es un proverbio que muchos dicen, pero pocos entienden. Cuando sabes que estás a punto de alcanzar cierto objetivo, te sientes eufórico. Después de alcanzar tu meta, te sientes contento con tus logros, pero al poco tiempo lo das por hecho y ya no sientes el mismo entusiasmo.

Yo no empecé a ascender en la vida hasta mis años cincuenta. Mi salto más grande lo di durante mis sesenta y estoy conforme con eso. Si yo hubiera adquirido lo que tengo ahora cuando estaba en mis años cuarenta, encajaría tan bien con mis posesiones que parecería natural que las tenga. Así como es, cada vez que veo una nueva meta en mi horizonte—algo que he anhelado desde mi juventud—me lleno de entusiasmo.

Yo no empecé a ascender en la vida hasta mis años cincuenta. Mis salto más grande lo di durante mis sesenta y estoy conforme con eso. Si yo hubiera adquirido lo que tengo ahora cucando estaba en mis años cuarenta, yo encajaría tan bien con mis posesiones que parecería natural que yo las tenga. Así como está, cada vez que yo veo una nueva meta en mi horizonte—algo que he anhelado desde mi juventud—yo me lleno con entusiasmo.

La mente sobre la materia

No confundas la mente con el cerebro. Tu cerebro no es tu mente. Yo creo que el cerebro funciona como una estación receptora para los pensamientos y las ideas emitidas por la mente. Una mente no se enferma y no sufre de defectos. A menos que tu cerebro quede perjudicado de alguna manera, tu mente es capaz de concebir ideas tan buenas como las de la mente de cualquier otra persona.

Si tu mente no te está proporcionando ideas buenas y constructivas, es debido a malos hábitos mentales. Tú has estado estropeando tu mente con pensamientos de tristeza, ineptitud y enfermedad.

Siempre vas a vivir una vida común a menos que puedas reeducar tanto a tu Mente Consciente como a tu Mente Creativa para que guarden pensamientos positivos y constructivos. El proceso de reeducación es simple, pero requiere diligencia. Tendrás que deshacerte constantemente de cualquier tipo de pensamiento negativo que entre a tu mente. Si tienes una tarea que parece ser demasiado difícil para ti, cambia tus pensamientos negativos por pensamientos positivos: *debes saber* que tu trabajo está diseñado para ti; que tú estás completamente capacitado para hacerlo. Descubrirás que tu Mente Creativa le ordenará a tu Mente Consciente que se encargue de esa tarea—esa tarea que tú cumplirás con éxito y facilidad.

Una sola victoria no significa que hayas eliminado los pensamientos negativos. Sólo significa que, por medio de un esfuerzo consciente, pudiste hacer algo que parecía difícil. Debes seguir trabajando. Cada vez que intentes algo—una tarea que sientes que no podrás completar—hazlo como la última vez. Guarda este pensamiento: *Yo puedo hacer esto; va a ser fácil; lo voy a disfrutar.*

Cada vez que eliminas un pensamiento negativo, el proceso se hace más fácil. Antes de que te des cuenta, ya habrás formado un hábito nuevo y pensar en términos de «yo puedo» será algo natural para ti.

A veces, un poco de racionalización nos puede ayudar. Un hombre me contó lo que hizo para romper la barrera negativa. Él tenía que lidiar con una situación en la que tendría que tomar una decisión: rebajar su estilo de vida y mudarse a un hogar más barato o aumentar sus ingresos para poder pagar su estilo de vida. Su problema estaba ejerciendo tanta presión sobre su mente que se le hacía difícil dormir. En muchas ocasiones, este hombre se despertaba y jugaba solitario hasta que le volvía el sueño. Durante uno de estos juegos de cartas, él pensó en su esposa. Ella confía completamente en mí, pensó. *Ella no tiene ningún tipo de duda en cuanto a mí habilidad para poder arreglar nuestra vida.*

Mientras él pensaba en ella y en su confianza infranqueable, decidió que no la iba a decepcionar. Otros han solucionado problemas más grandes que los nuestros. Por el bien de ella, yo voy a resolver esto. ¡Y así lo hizo! En el momento en que su mente empezó a operar en términos de yo puedo, las ideas comenzaron a llegar; su camino quedó claro. No sólo aumentó sus ingresos para mantener su estilo de vida, sino que también pudo elevar su estilo de vida. Aquí tenemos evidencia del poder de la mente sobre lo material.

Lo que quiero explicarte es que tu mente cuenta con los medios para solucionar cualquier problema o cambiar (mejorar) cualquier condición que tengas que enfrentar.

En un libro anterior, declaré que deberías estar contento de tener problemas porque te ayudan a crecer. Si tienes un problema y lo solucionas, has aprendido lo que tendrás que hacer si ese problema alguna vez vuelve a aparecer. Una vez que lo hayas dominado, ya no es probable que vuelva a surgir.

Resulta interesante imaginar una vida sin problemas. «Maravilloso», quizás dirás tú. Pero piénsalo bien—la vida sería tan aburrida que estarías esperando el fin. Mi último lema encaja muy bien en este momento.

«Lo que nos perturba no son nuestros problemas; es nuestra falta de fe en nuestra habilidad para solucionarlos.»

Antes te sugerí algunas afirmaciones que puedes usar para remover los pensamientos negativos de tu mente. Si las has usado, estoy seguro que ya estarás asombrado con los resultados que estás obteniendo.

Puesto que ya tienes un mejor entendimiento de la supremacía de la mente sobre la materia, aquí tienes otra afirmación que pronto te ayudará a obtener un dominio mental propio:

«Yo estoy en paz conmigo mismo y con el mundo. Los problemas que tengo ya no me perturban, porque ya me he comunicado con la verdadera sede del poder y la inteligencia. Yo estoy siendo guiado para hacer lo correcto en el momento correcto».

Copia esto en una tarjeta y cárgala contigo. Cada vez que tengas un momento disponible, léela y no olvides leerla antes de ir a la cama por la noche. Despertarás por la mañana con el aliento para enfrentar cualquier problema que pudiera estarte molestando.

CAPÍTULO 13

EJERCICIOS MENTALES vs. EJERCICIOS FÍSICOS

LOS MÚSCULOS QUE NO SE USAN se atrofian. Un brazo quebrado, puesto en un cabestrillo por un tiempo, se achicará y perderá la mayor parte de su fuerza. Después de ser liberado del cabestrillo, el brazo necesitará varios días de uso para volver a su condición anterior.

Una mente que no se mantiene activa, con el tiempo se hará menos perspicaz y perderá mucha de su sabiduría. Por lo tanto, es lógico asumir que debes ejercitar tanto tu mente como tu cuerpo físico.

Yo diría que de los dos, los ejercicios mentales deben ser la prioridad. De hecho, para tener mejores resultados, los ejercicios físicos deberían ser coordinados con los ejercicios mentales.

Tú te beneficiarás más de un ejercicio que disfrutas que de uno que te obligas a realizar. Correr, remar y jugar tenis (o cualquier otra actividad que escojas) te ayudarán más que simplemente seguir una rutina de movimientos con una mente aburrida.

La felicidad es relajante; los músculos responden mejor al ejercicio cuando estás relajado. Hay condiciones mentales que están relacionadas con la tensión y la relajación. Si tu mente está bajo tensión por causa de pensamientos perturbadores que están queriendo entrar, se te hará difícil pensar de manera constructiva. Tendrás dificultades llevando a cabo pensamientos productivos que te pueden liberar de tus problemas.

Este capítulo te ayudará a estimular y desarrollar tus habilidades mentales a través de la concentración y disciplina. La recompensa será grande. Podrás alcanzar un plano más alto de felicidad a medida que desarrollas un estado de dominio mental propio.

La frustración no es un trastorno mental incurable. Es el producto de una mente fuera de control. Si tú permites que los pensamientos perturbadores sean un obstáculo para tu razonamiento, quedarás en un estado de pánico porque te verás frustrado por tantos problemas.

Un hombre así me vino a pedir consejo. Según él, todo el peso del universo estaba sobre sus hombros.

«Tengo tantos problemas», me dijo él. «No veo ninguna salida.»

Tomé una página de papel y le pedí que listara todas sus dificultades, mientras yo las anotaba. «Después de eso, veremos qué podemos hacer al respecto». No tuvo ningún problema en mencionar el Problema #1. Miró por la ventana por un segundo y luego nombró el Problema #2. Le tomaron unos segundos más para pensar en el Problema #3. Desde ese momento en adelante, se le hizo difícil acordarse de otros problemas. Este caballero se asombró al darse cuenta que en realidad tenía tan pocos problemas. Al verlos todos en una lista, vio que iba a ser fácil encontrar soluciones. Su estado de frustración sólo existía porque él había magnificado sus problemas hasta que ocuparon por completo su mente.

Debilidad mental es un término que suele usarse de manera equivocada. Cuando pensamos que alguien sufre de debilidad mental, creemos que esa persona es un caso perdido. No siempre es así. Usualmente eso es un producto de una mente inactiva.

Tenemos como ejemplo la historia de un juez retirado, cuya mente mostraba señales de deterioro. Durante sus numerosos años en la magistratura, él había pasado mucho tiempo leyendo y estudiando sus casos. Su cansancio fue tan grande que después de retirarse, dejó de leer. Este juez se negó a leer libros o periódicos; se sentaba en su porche y miraba pasar el tiempo. En su niñez, había estado muy interesado en construir modelos de naves. Por lo tanto, cuando quedó claro que su mente estaba fallando, lo animaron a que comprara una maqueta y reanudara su pasatiempo. En sólo unos cuantos días, su mente mejoró notablemente; después de unos meses, ya nadie se atrevía a pensar que él sufría de debilidad mental.

La falta de memoria suele ser producto de una mente desorganizada. Cuando la mente se encuentra en un estado de confusión, su capacidad de recordar disminuye. Cuando quieres recordar algún dato, la información tarda en llegar. Tú aceptas el olvido—lo cual sólo estimula esta condición. Tu memoria falla cada vez más.

Las memorias de la gente con mentes bien disciplinadas son mucho más claras que las de gente con mentes confundidas. Se suele decir que las personas cuyas mentes parecen enfocarse en una sola cosa tienen mentes con un sólo carril. Woodrow Wilson se jactaba de tener una mente «de un sólo carril»—y con buena razón. Mantener tu mente concentrada en una sola cosa hasta acabar con ella es considerado como un gran logro.

El alcoholismo no siempre es la enfermedad que tanto tememos. El alcohol es un anestésico mental. Cuando uno consume suficiente alcohol, literalmente deja de pensar y empieza a darle rienda a emociones desinhibidas. La indulgencia en el alcohol ofrece un alivio temporal de los fracasos del pasado o los problemas del presente.

Había un caso interesante de un hombre que parecía ser

un alcohólico. Se abstenía del licor por unos días y después se emborrachaba.

«Que grite lo que quiera la vieja—a mí no me importa», decía él mientras regresaba a su casa a punto de caerse.

Resulta que la esposa de este hombre se quejaba constantemente. Todo lo que él hacía estaba mal; todo lo que no hacía, lo debería haber hecho. El «alcohólico» y su mujer se divorciaron y con el tiempo él conoció y se enamoró de otra mujer. En vez de quejarse, esta segunda esposa trató de entenderlo y ayudarlo a ser feliz. Su uso del alcohol terminó.

Si este hombre hubiera contado con un dominio mental propio, es probable que hubiera podido rescatar su primer matrimonio. Podemos decir que una gran parte de las riñas domésticas es causada por el aburrimiento mental.

Una pareja que estaba a punto de separarse recibió como regalo un libro de autoayuda. Ambos pensaron que era interesante, así que buscaron más libros sobre el mismo tema. Después de guiar sus mentes hacia pensamientos más positivos, las peleas terminaron. Su matrimonio se salvó y ellos terminaron comportándose como recién casados.

Ejercicios mentales

Cualquier rutina de ejercicio que te hace pensar es valiosa. Te asombrarás con la rapidez de tu respuesta mental y en poco tiempo notarás una mejora sustancial en tu capacidad para pensar de manera rápida, lógica y creativa.

Cuando estés manejando, prueba este ejercicio fascinante con las placas o matrícula de los vehículos adelante tuyo. Toma cualquiera de los números en la placa y redúcelos a un sólo dígito. Esto se hace sumando todos los números. Si la respuesta contiene más de un dígito, suma esos números. Sigue sumando hasta quedar con un solo dígito. Aquí hay unos ejemplos:

$$978 = 9+7+8 = 24 = 2+4 = 6$$

$$164 = 1+6+4 = 11 = 1+1 = 2$$

$$899 = 8+9+9 = 26 = 2+6 = 8$$

Si la placa contiene letras, haz un juego con ellas. En California, por ejemplo, los vehículos de pasajeros llevan tres letras en sus placas, como PUD. A medida que vas viendo las letras, crea un nombre usando las letras como iniciales. Para PUD, podrías inventar el nombre Patrick Ulrick Day. Al principio tendrás que pensar un poco para inventar nombres; pero en breve, los nombres te empezarán a llegar tan rápido como tu mente pueda procesar las letras.

Los juegos y las pruebas en diarios, revistas y programas de televisión ayudan a estimular la mente. Los crucigramas no sólo suman palabras a tu vocabulario, sino también estimulan tu mente. A medida que sigas trabajando en ellos, notarás que las palabras te llegarán más rápido que cuando adoptaste este pasatiempo por primera vez.

Leer rápidamente también es bueno. Existen varios métodos que puedes elegir. La lectura veloz sirve para acelerar tu pensar, lo cual afina tu mente.

Usa tu Mente Creativa para estimular tu mente

En los capítulos anteriores, tú aprendiste que eres capaz de ordenarle a tu Mente Creativa que guíe tus pensamientos y acciones. Utiliza esta habilidad de la Mente Creativa a través de tus ejercicios mentales. Muchas personas, cuando alguien les pide que ofrezcan una solución que requiere pensamiento concentrado, inmediatamente piensa: «Oh, yo no puedo hacer eso.» Esto es algo que seguramente bloqueará los procesos mentales y no permitirá el desarrollo de ninguna solución lógica. A medida que completas tus ejercicios mentales, usa estos pensamientos como base: Estos ejercicios son fáciles para mí y son buenos para mí. Se consciente del hecho que tu mente está afinándose más cada día. Será interesante—y disfrutarás—descubrir que tu mente está afinándose.

Desarrolla el poder de la concentración

Cuando eras niño, ¿alguna vez jugaste con una lupa? ¿Alguna vez intentaste enfocar los rayos del sol sobre un objeto para así generar suficiente calor para encender una llama? Puedes hacer lo mismo con tu mente. Cuando aprendes a enfocar tus pensamientos (sin interferencia) sobre un objetivo específico, puedes generar una enorme cantidad de poder mental.

Puedes desarrollar los poderes de concentración mental a través de la práctica; cuanto más practiques, los resultados serán mejores. Un ejercicio simple es ver cuánto tiempo puedes concentrar tus pensamientos en un solo objeto. Por ejemplo, pon un libro sobre una mesa; siéntate cerca y fíjate si eres capaz de mantener tu mente concentrada en él por cinco minutos. Suena fácil, pero requiere práctica. Puedes pensar sobre cualquier aspecto de ese libro: el título, el diseño de la cubierta, el contenido. También puedes enfocarte en el proceso de impresión y encuadernación. Si estás interesado en la publicidad, piensa en los métodos que fueron usados para publicar y vender ese libro. Pero siempre mantén tu mente centrada en algún aspecto del libro.

Cuando hayas terminado tu periodo de concentración, toma un papel y escribe un ensayo breve sobre el libro. Haz esto después de cada sesión de observación. Después de unas semanas, compara tus ensayos y observa el mejoramiento. No sólo estarás mejorando tu poder de observación, sino también aumentando tu habilidad para expresarte. No hace falta usar un libro cada vez que lo hagas. Cámbialo por cualquier elemento que sea conveniente para ti: el televisor, una lámpara o tu computadora.

Un hombre, que era llamado «cabeza de chorlito» por sus amigos, llegó a ser conocido por su mente tan sagaz, después de varias semanas de estos ejercicios.

Crea objetivos imaginarios

Aquí verás varias preguntas relacionadas a posibles objetivos. A primera vista tal vez te parezcan poco razonables porque quizás hayas pensado que jamás podrías alcanzarlos. Toma un papel y escribe la pregunta que más te interesa. Piensa de ti mismo como un asesor; un cliente ha venido a hacerte una pregunta y tú debes proveerle una respuesta. Sabiendo la meta, determina cuáles son las cuestiones que están previniendo que tu cliente pueda realizar su objetivo. Con esta información, tú estarás listo para desarrollar un plan que le permitirá al cliente (ti mismo) superar los obstáculos y alcanzar el objetivo.

No hace falta hacer todo esto con todas las preguntas, porque algunas de ellas estarán en conflicto entre sí mismas. Por ejemplo, no estarías interesado en aumentar tu salario si tu objetivo fuera ser dueño de tu propio negocio.

Aquí te presento algunas preguntas típicas; cámbialas por otras si quieres:

- ¿Cómo puedo crear mi propio negocio exitoso?

- ¿Cómo puedo ascender en el escalafón de mi trabajo?

- Me gustaría llevar a mi esposa de viaje en un crucero largo. ¿Cómo puedo hacerlo?

- ¿Qué puedo hacer para poder vivir en un hogar mejor?

- ¿Cómo puedo convertirme en una persona poderosa en mi comunidad?

Antes de emprender ejercicios mentales, tal vez hayas pensado que estas preguntas no tenían respuestas prácticas. Cuando hayas completado este capítulo y te hayas acostumbrado a estos ejercicios, te glorificarás en tu victoria. Con pensamientos claros, lógicos y concentrados, ya no tendrás dificultad alguna para resolver los problemas que presentan estas preguntas.

Margaret Beach era una ama de casa que no estaba contenta con su rutina diaria de cocinar, arreglar la ropa y limpiar su casa; sin embargo, ella no hacía nada al respecto más que quejarse. No pensaba que contaba con una mente buena y se sentía condenada a una vida de aburrimiento doméstico. Un día, ella asistió a una presentación sobre el Mejoramiento Mental. Allí hablaron sobre el tema de ejercicios mentales y Margaret absorbió todo lo que dijeron. Después de desarrollar sus habilidades mentales, quedó aún menos satisfecha con ser una ama de casa; pero ahora sentía que podía cambiar su situación.

Margaret siempre tuvo un interés en casas nuevas. Ella se detenía cada vez que veía una casa modelo abierto para exposición pública. «¿Por qué no puedo aprender a diseñar casas?», se preguntó. Como no se le ocurría por qué no podría hacerlo, hizo los planes correspondientes. Comenzó a tomar cursos de dibujo arquitectónico y diseño de casas. Tras haber obtenido suficiente información para empezar, se puso en contacto con un constructor para dibujar planos para unas ampliaciones de viviendas que él tenía que construir. Margaret tuvo tanto éxito con estos proyectos que llegó a diseñar casas nuevas; esos planes fueron comprados por constructores locales. Margaret Beach ganó suficiente dinero como para contratar una ama de llaves que hiciera el trabajo que tanto le fastidiaba. Es más, uno de los hogares ultramodernos que ella diseñó fue el suyo.

La mente es capaz de generar grandes logros y un enorme poder mental. Tu mente puede producir grandeza. Usa estos ejercicios y pronto descubrirás un nuevo *tú*. Esas metas que tienes no serán sólo cosas para anhelar, sino que serán cosas para hacer. Ya no envidiarás a los demás por sus posesiones y sus logros, porque sabrás que, si los deseas, los puedes tener.

CAPÍTULO 14

LOS PENSAMIENTOS SON IMÁGENES— LAS IMÁGENES SON PATRONES

LA MENTE NO PIENSA EN PALABRAS, sino en imágenes. Cuando estás leyendo, estás constantemente traduciendo las palabras que tus ojos ven y convirtiéndolas en imágenes. Es decir, tú ves lo que estás leyendo. No todas las palabras pueden convertirse en imágenes. Cuando piensas en una palabra que no se presta a ser visualizada, optas por la segunda alternativa: la asocias con una palabra con imagen.

Por ejemplo, cuando oyes la palabra amor, que no puede convertirse en imagen, es probable que tú veas la imagen de alguien que amas: tu esposa, marido o tu pareja.

Cuando se te hace difícil recordar lo que lees, suele ser por causa de algún mal hábito de lectura. Tus ojos han estado siguiendo las palabras, pero no has estado cambiando las palabras por imágenes. En mis libros, yo muchas veces te aconsejo a ti, el lector, que pienses mientras lees; es decir, que veas mientras lees.

Digamos que ves una película que dura dos horas o más. Después de verla, tú puedes describir casi toda la película con exactitud. ¿Por qué? Porque has estado observando la historia contada en imágenes.

Hace muchos años, las revistas como *Life* y *Look* recibían miles de fotos que jamás eran usadas. Los editores fotográficos juzgaban cada foto según el interés de los lectores. Si ellos no pensaban que cierta fotografía no iba a ser interesante para una gran parte de la audiencia, esa foto no se usaba. Esos editores estaban entre los empleados más valiosos de la compañía. El crecimiento de la circulación de esas revistas dependía de ellos.

Dado que los pensamientos son imágenes, las imágenes mentales serán negativas o positivas, dependiendo del pensamiento. Pon este pensamiento en tu mente ahora mismo: Los pensamientos negativos crean reacciones negativas; los pensamientos positivos causan reacciones positivas. ¿No queda claro que tú mismo debes evaluar y editar las imágenes mentales que están entrando a tu mente?

Las imágenes son patrones

Tú ya sabes que la Mente Creativa acepta los pensamientos de la Mente Consciente como instrucciones y los reproduce en tu personalidad o acciones. Ahora permíteme ampliar este punto: las imágenes de la Mente Consciente serán aceptadas como patrones por la Mente Creativa.

¿Alguna vez has usado uno de esos viejos pianos mecánicos? Estos pianos podían reproducir música automáticamente y eran populares durante la primera parte del siglo veinte. Un rollo de papel lleno de agujeros y ranuras pasaba por un tablero de seguimiento cubierto con aberturas que representaban las teclas del piano. Sin importar cuántas veces se usaba el mismo rollo de música, la melodía siempre era la misma. Sería inútil pensar que un rollo un día tocaría una canción y al día siguiente una diferente.

Las imágenes mentales son infalibles de la misma manera. Tú no puedes tener una imagen mental de fracaso y esperar ser guiado hacia el éxito. Supongamos que estás inundado con facturas y sintiéndote agobiado. Imágenes mentales negativas comienzan a inundar tu mente: acreedores ganando juicios contra ti, salarios embargados y tú siendo despedido de tu trabajo. Estas imágenes se convierten en realidad por causa de un bloqueo mental. No ves cómo pagar las facturas y los acreedores toman acción. Tus problemas te hacen ineficiente en tu trabajo y pierdes tu empleo.

¿Qué clase de imágenes tendría una mente positiva en esta misma situación? En esas imágenes, tú irías a tus acreedores y les pedirías un periodo de gracia para recuperar tus fuerzas y conseguir un plan para pagar tus cuentas. Te esfuerzas más en tu trabajo para destacarte y ser bien recompensado. Solucionarías tu problema de acuerdo a las imágenes positivas en tu mente.

¿Ahora puedes ver la sabiduría de ser tu propio editor de imágenes mentales? Si una imagen mental negativa trata de meterse en tu mente, reemplázala con una positiva.

Televisión mental

Un fenómeno es un hecho; nuestra descripción de él es una teoría.

Esta frase bien puede aplicarse a lo que estoy a punto de decirte. Si golpeó mi puño contra mi escritorio, tú oído registrará un sonido. Eso es un fenómeno. Si trato de explicarte qué ocurrió, desde el momento que mi puño impactó contra el escritorio hasta que el sonido alcanzó tus oídos, eso sería una teoría—que puede ser o no ser correcta.

Al hablar sobre la televisión mental, yo te explicaré ciertos fenómenos establecidos, pero mi explicación será teórica.

A mí me preguntan frecuentemente: «¿Cómo puedo ocasionar éxito a través de imágenes mentales positivas cuando hay otras personas involucradas?»

Tú éxito siempre depende de otras personas. Si tuvieras un control total sobre tu éxito, el fracaso sería imposible porque tú solamente harías esas cosas que generan éxito.

Si eres un empleado, el éxito dependerá de tu empleador. Si eres una persona de negocios, tú éxito dependerá de tus posibles clientes. Por lo tanto, para ser efectivas, tus imágenes mentales deben influenciar tanto a los demás como a ti mismo.

Si existe algún fundamento en las teorías del Dr. J.B. Rhine sobre la percepción extrasensorial– y yo creo que sí lo hay—entonces deberá existir una transmisión de imágenes mentales desde una mente a otra. Debe existir algún tipo de televisión mental.

En un estudio de televisión, las cámaras delante del sujeto no tendrían valor alguno si no tuvieran el poder para proyectar esa imagen a numerosas pantallas a lo largo del país.

Para proyectar una imagen mental, también es necesario aplicar poder—y ese poder es el entusiasmo. Cuando tu imagen de éxito está respaldada por entusiasmo, es más probable que será recibida y aprovechada por la persona que está involucrada en tu éxito.

Permíteme contarte una historia verdadera de alguien que fue afectado por las imágenes mentales equivocadas y que luego se lanzó hacia el éxito por medio de las imágenes correctas. Joe Thomas y su esposa operaban un pequeño taller mecánico. Su equipamiento estaba compuesto por un torno, una perforadora y algunas herramientas de mano. Él trabajaba en el taller y ella contestaba el teléfono y mantenía la contabilidad. Sus ingresos eran suficientes para cubrir sus necesidades.

Un día, Joe escuchó uno de mis programas de radio en el cual yo hablaba acerca de las imágenes mentales que todos tenemos. Esto hizo que Joe empezara a pensar y a reflexionar. Él pensó en las imágenes mentales que él había mantenido de sí mismo y su negocio. Un tiempo después admitió, con un poco de vergüenza, que jamás se había visto como nada más que un pequeño obrero. Lo único que esperaba era mantenerse ocupado.

Entusiasmado con lo que había oído, Joe Thomas empezó a construir imágenes mentales en las cuales él era dueño y operador de un gran taller mecánico. Para darte un relato completo de todo su ascenso serían necesarias muchas páginas; pero al poco tiempo, Joe llegó a estar sentado en una oficina ejecutiva con muebles finos, guiando el trabajo de 75 empleados. Al final, Joe vendió su negocio por casi un millón de dólares, tomó un viaje alrededor del mundo y buscó nuevos caminos para seguir.

Nada había cambiado en él salvo sus imágenes mentales. Las condiciones del negocio no eran mejores que cuando él operaba su taller personal. Pero en el momento en que Joe comenzó a verse a sí mismo como un hombre importante, su Mente Creativa empezó a guiar sus pensamientos y acciones para convertirlo en eso.

«Todo lo que pidiereis»

Hay un pasaje en la Biblia que yo creo que se adapta muy bien al tema de este capítulo: «Por tanto, os digo que todo lo que pidiereis orando, creed que lo recibiréis, y os vendrá» (Marcos 11:24 RVR). Para mucha gente, esta declaración es difícil de aceptar. Ellos se preguntan: «¿Cómo puedo creer que tengo algo cuando yo sé que no lo tengo?» Yo siento que este verso te está diciendo que tú debes guardar imágenes mentales de ti mismo disfrutando lo que estás deseando. No significa que al visualizar lo que quieres, te llegará de manera instantánea como si fuera magia. Esta cita bíblica dice: «Cree que lo recibiréis, y os vendrá». Las palabras «os vendrá» aquí implican que tu deseo se realizará en el futuro. Tú ahora tienes la imagen, según la promesa de las Escrituras. Crea imágenes mentales de ti mismo disfrutando lo que estás deseando; cree que esa imagen es real y pronto serás guiado en pensamiento y acción para pensar los pensamientos y hacer las cosas que convertirán tu imagen en una realidad.

A medida que vayas repasando lo que has leído hasta ahora, recuerda que lo que acabo de decirte es lo mismo que te he estado diciendo a lo largo de este libro. Yo simplemente usé la autoridad bíblica para apoyar la solidez de los principios que te estoy presentando.

Esta es una verdad que quiero enfatizar: Los principios relacionados con las imágenes mentales son tan aplicables con los pensamientos negativos como con los pensamientos positivos y constructivos.

Supongamos que tienes miedo de perder tu trabajo. ¿Qué clase de imágenes tienes en tu mente? ¿Te ves haciéndote más rico? ¡Claro que no! Te imaginas dificultades financieras. Temes perder tu hogar y tus muebles. Te preguntas cómo vas a hacer para poner comida sobre la mesa. Este tipo de imágenes mentales te harán menos eficiente en tu trabajo; te harán equivocar; tu trabajo no será de la mejor calidad debido al estrés mental. ¿Cuál será el resultado final? Tu jefe probablemente encuentre una razón para no contar más con tus servicios.

Ejercicios

Tal vez, en muchas ocasiones, intentes mantener imágenes positivas—quizá pienses que lo estás haciendo ahora—sin embargo, su efecto es destruido por medio de la duda que entra sigilosamente en tu mente.

El primer ejercicio que te sugiero es pensar en alguna añoranza que tengas; un deseo que nunca has podido realizar por causa de tus dudas.

Como ejemplo, digamos que siempre has querido hacer un viaje a Hawái. Tal vez no lo has hecho porque no has tenido dinero, tiempo o ambas cosas. Empieza con una visita a una agencia de viajes; pide un folleto que describa los viajes a Hawái.

Después de decidir cuál viaje te gusta más, imagínate haciendo ese viaje. No lo desees, sino visualiza ese viaje como una realidad. Mientras miras fotos del barco, visualízate disfrutando el crucero o simplemente relajándote en una silla de playa cómoda. Vete a ti mismo en Hawái, comiendo frutas tropicales o paseando por la playa, absorbiendo los rayos cálidos del sol. No te olvides del Luau hawaiano (una famosa fiesta hawaiana). Haz una imagen mental tan vívida que de momento, te permita sentirte como que realmente eres un ciudadano del quincuagésimo estado.

Mientras llevas a cabo este ejercicio, ten cuidado de no permitir que cualquier elemento negativo entre a tu imagen. Si te viene un pensamiento como: «Ojalá esto fuera real», deshazte de él. Eso contrarrestará todo el bien que este ejercicio ha estado acumulando. Gracias a tu ejercicio, el viaje a Hawái está a punto de convertirse en realidad—no cabe la menor duda. Tú estás visualizando las experiencias que en poco tiempo vas a estar disfrutando. Ahora tu Mente Creativa empezará a guiar tus pensamientos y acciones para que se te abra un camino que convertirá tus imágenes mentales en realidad. Pronto te encontrarás en un crucero o un avión con destino a esas islas encantadoras.

Pensemos ahora en otro ejercicio. ¿Te gusta la casa en la que estás viviendo? ¿Te gustaría tener una mejor y más grande? Muy bien. Este será un ejercicio maravilloso. Visualiza el hogar que te gustaría tener y la cantidad de habitaciones que tendrá. Visualízate viviendo en un hogar así.

¿Recuerdas el pasaje bíblico que citamos antes?: «Por tanto, os digo que todo lo que pidiereis orando, creed que lo recibiréis, y os vendrá» Cuando estés visualizando tu nuevo hogar, visualízalo como una realidad. Visualízalo en su totalidad, con todos los detalles. Si has estado queriendo una oficina, añádele una a tu casa mental. Quizás tienes un pasatiempo y te gustaría contar con espacio para un estudio; agrégalo. ¿Una piscina? Eso también, si es lo que tú deseas.

Ya que tu Mente Creativa funciona mejor cuando tu Mente Consciente está ocupada con otras cosas o descansando, el mejor tiempo para hacer estos ejercicios es cuando estás entreteniéndote o (aún mejor) durmiendo. Haz un compromiso de practicar tus ejercicios cada noche justo antes de acostarte. Después de acomodarte en tu cama, relájate—y luego enciende tus imágenes mentales. Como dije antes, no visualices las imágenes como deseos; visualízalas como realidades.

Si durante el día te ha surgido algún problema, no te quedes despierto preocupándote por él. Al contrario, guarda imágenes mentales de la solución para ese problema. Esto eliminará tu falta de sueño y te ayudará a dormir. Es más, mientras tu Mente Consciente está inactiva, tu Mente Creativa estará trabajando con tu problema, lista para darte una solución al siguiente día.

Voy a darte un ejercicio final antes de terminar este capítulo; un ejercicio que tiene que ver con la salud y el bienestar físico. Primero, pídele a tu doctor que te haga un chequeo completo. Si algo está mal, encárgate de eso.

Hay muchas personas que sufren con una conciencia de enfermedad, con miedo de que están desarrollando alguna enfermedad nueva. Dado que hay cierta inteligencia en cada célula del cuerpo, las imágenes mentales de enfermedades les transmitirán ese mensaje a tus células. Por lo tanto, no te sentirás bien. Como si fuera poco, guardar imágenes mentales de enfermedades hará que el cuerpo produzca más células débiles durante el proceso de creación de células.

Desarrolla imágenes mentales de una salud excelente. Visualízate a ti mismo mejorando cada área de tu salud. En vez de buscar enfermedades, observa lo bien que te estás sintiendo. Despierta cada mañana dando gracias por estar vivo. Piensa qué bueno será despertarte y empezar otro día lleno de actividades apasionantes.

Anima a tu Mente Creativa a que guíe tus pensamientos y acciones para que la buena salud se convierta en tu realidad y herencia verdadera. Sumado a tus ejercicios de noche con respecto a tu objetivo, mantén una imagen de ti mismo en perfecta salud. Sé consciente de que tu Mente Creativa te guiará en pensamiento y acción para hacer las cosas necesarias para la buena salud: dieta y ejercicio físico. También te guiará para que puedas tener la energía y el entusiasmo para llevar a cabo los objetivos que estás visualizando.

Si ya has pasado por lo que previamente era aceptado como la edad media, olvídalo. La mayoría de la gente, a medida que se van acercando a los sesenta años de edad, comienzan a ser conscientes de la edad. Sienten que ya son demasiado viejos para empezar a hacer tal y tal cosa. Yo estoy convencido que cuando nosotros aprendamos cómo vivir y cómo pensar, la expectativa de vida normal del ser humano no será solo de 70 años, sino que superará los 100 años.

Yo creo que viviré hasta cumplir 125 años y vivo mi vida como corresponde. Me siento mejor ahora en mis 70 años de edad, tanto físicamente como mentalmente, que en cualquier otro período de mi vida.

Tal vez no llegue a los 125, pero no acortaré mi vida por temor a la muerte. Mi intención es mantenerme ocupado —y feliz— hasta que se me acerque la Parca con su guadaña, haciéndome señales para que la siga.

Lo que has aprendido en este capítulo no es para ser usado de forma temporal; úsalo como un nuevo principio de vida. Has adquirido nuevas herramientas que te asegurarán logros fáciles. Como yo he dicho en varias ocasiones: El conocimiento no tiene valor alguno si no lo usas. ¡Usa esta información ahora mismo! Desarrolla en ti la habilidad para crear imágenes mentales de lo que quieres —sin miedo al fracaso y de no obtenerlas. Dominar esto será como heredar un almacén con todo lo que tú alguna vez has deseado, sabiendo que todo lo que está en él es tuyo.

CAPÍTULO 15

TU BORRADOR MENTAL

EXISTEN MUCHOS MÉTODOS efectivos para entrenar la memoria que han sido ofrecidos al público. Sin embargo, según yo sepa, no existe ningún curso que te enseñe a olvidar.

Un filósofo una vez dijo: «Las memorias del pasado y el temor del futuro son lo que hace que nuestro presente sea tan difícil.»

Una razón por la cual es tan difícil mantener pensamientos positivos es la existencia de memorias que te recuerdan de las dificultades y los fracasos del pasado. Si tu camino ha sido largo y duro, es probable que tengas un conflicto entre tus imágenes mentales si ahora intentaras visualizar un éxito cómodo. Tus memorias de situaciones incómodas del pasado quizás neutralicen las imágenes del éxito en tu futuro. Ahora entenderá por qué es tan importante desarrollar tu habilidad para olvidar; es tan importante como la habilidad para recordar.

Volvamos a una declaración previa: «¡Tú eres lo que tú piensas que eres!»

la impresión que tú tienes de ti mismo es una acumulación de imágenes mentales que has adquirido a lo largo de tu vida. Dado que el 95% de todos los seres humanos tienen tendencias negativas, es más probable que tú tengas una impresión negativa de ti mismo—a menos que formes parte de ese 5% afortunado.

Tú piensas que estás condenado a vivir una vida difícil; y por lo general, así resulta.

Si tuvieras un borrador mental que te permitiera borrar todas las imágenes mentales negativas y desagradables, y también te dejara reemplazarlas con imágenes positivas, tus futuros años serían exitosos y felices. Quizás yo debería decir, «tus futuros años van a ser exitosos y felices» porque yo sé que tú no perderás tiempo y usarás este borrador mental—ni bien lo hayas obtenido.

Quiero dejar algo bien claro cuando yo te sugiero que borres todas las imágenes mentales negativas. Las imágenes de tus experiencias negativas deben eliminarse con tal de que no afecten tus actividades en el presente; no debes eliminarlas de tu memoria.

Durante mi larga vida, yo he tenido algunas experiencias amargas y he aprendido muchas cosas de la manera más difícil. Sin embargo, yo no cambiaría esas memorias por nada. Ahora que he aprendido cómo dominar las situaciones y he conseguido una cantidad razonable de éxito en mi vida, yo ahora puedo apreciar más completamente lo que tengo al compararlo mi presente con mi pasado. ¿Recuerdas la historia del hombre rico que una vez deseó ser pobre?

Por lo tanto, tú tienes que enfrentar este dilema provocativo: debes retener imágenes mentales del pasado como un medio de comparación; pero también debes borrar tus imágenes mentales negativas para que puedan ser reemplazadas por imágenes positivas.

Tal vez la mejor manera de solucionar este problema es tomar todas las imágenes de los eventos pasados (especialmente los desagradables) y guardarlos en tu memoria sólo como referencia. Puedes editar todas las imágenes nuevas que buscan refugiarse en ti y rechazando rápidamente aquellas que podrían tener un efecto negativo en tu vida o tus negocios.

En otras épocas, la mayoría de los hogares tenían un álbum de fotos familiar. Ahí uno podía encontrar imágenes del bisabuelo con su gran bigote y la bisabuela con su polisón y sus mangas de antebrazo. También podías ver fotos de bebé de otros familiares—sin ropa—recostados en una alfombra de lana. Ninguno de nosotros hoy se vestiría como ellos lo hacían en eso tiempos, pero es lindo tener imágenes para comparar el pasado con el presente.

Uno puede sacar ventaja de los errores del pasado. Este concepto importante determinará si logras unir tus experiencias del pasado a tu futuro éxito o fracaso.

La crisis económica de 1929, llamada la Gran Depresión, demostró la validez de esa declaración. Hubo dos hombres, igualmente ricos, que fueron reducidos a una pobreza absoluta. Uno de los hombres tomó su situación tan seriamente y con tanta autocompasión, que él quedó destruido. Jamás pudo dejar atrás su abatimiento. El otro hombre se dio cuenta que él no era el único en esa situación; sabía que muchas otras personas en su misma situación iban a sobrevivir. Él estudió las condiciones económicas y estimó cuál industria se recuperaría primero—y luego él se asoció con esa industria. En poco tiempo, él regresó a su estado anterior: una vida bastante cómoda.

Toma un momento para pensar en estos dos hombre. ¿Por qué uno se hundió y el otro triunfó? Sus situaciones eran idénticas; la diferencia estaba en sus mentes. Un hombre aceptó las imágenes mentales de su desastre. Dado que los pensamientos son imágenes y las imágenes son patrones, no había nada que este hombre podía hacer salvo fracasar, porque él se vio a sí mismo como un fracasado.

El otro hombre usó su borrador mental para borrar las imágenes desastrosas (pero guardó una copia en su álbum mental para reflexionar en el futuro) y las reemplazó con imágenes de acciones exitosas.

Ejercicios

En los siguientes ejercicios, tú comenzarás a pensar sobre los pensamientos. Esto tal vez te suene raro en primera instancia, pero a medida que piensas sobre los pensamientos, tú recibirás una gran revelación. Entreverás una imagen de la gigantesca reserva de poder que tienes a tu disposición. Sé muy crítico con los pensamientos y las imágenes que tú permites que entren a tu mente. Cada vez que una imagen con alguna conexión al fracaso, la enfermedad o la tristeza intente entrar a tu consciencia— échala fuera.

Como ejemplo, digamos que tú estás a punto de ir a una reunión con un hombre con quien tú esperas cerrar un trato muy rentable. Cuando imágenes y pensamientos que generan dudas contra la reunión empiezan a llegarte, reemplázalas con imágenes llenas de entusiasmo que proclaman éxito con tu oferta. Si tu oferta le beneficiará, el cliente probablemente responderá como tú quieres.

Por muchos años yo fui contratado por grandes compañías para entrenar sus representantes de ventas. Durante una de mis clases, yo hablé acerca de las imágenes mentales que los vendedores deben tener antes de visitar sus posibles clientes. Yo les urgí que se acercaran a sus clientes con imágenes mentales de clientes amigables y receptivos a su visita. Esto iba en contra de las imágenes mentales que la mayoría de los vendedores, especialmente los jóvenes, tenían en sus mentes. Los agentes de venta novatos acostumbraban visitar a un cliente de forma dubitativa, preguntándose si él le otorgaría una entrevista y atención.

Un ejecutivo de una agencia de publicidad me contó una historia fascinante con respecto a lo que él había recibido de esa charla. «La verdad es que no recibí tanto del curso» me explicó él, «porque yo estaba bastante satisfecho con mi habilidad como vendedor. Yo tomé el curso sólo para ser un ejemplo para mis vendedores, que también asistieron. ¡Pero cómo abrió mis ojos! Yo probé tú "idea de las imágenes mentales" cuando busqué cuentas nuevas y descubrí que estaba concretando más ventas que antes. Mi negocio creció a pasos gigantescos..»

Otro ejercicio que te recomiendo es que pienses de este libro como algo más que un simple libro. Piensa de él como una contraseña, el «abre sésamo» para una vida más abundante. Permítete a ti mismo llenarte con entusiasmo a medida que cada página te indica nuevos caminos de éxito. Anímate a comprobar que los principios contenidos en él serán tan efectivos para ti como lo han sido para otras personas.

¡Ten cuidado con los pensamientos de deseo! El simple hecho de desear que este libro te ayude no te ayudará. Terminarás diciendo: «Yo leí el libro y no me ayudó» y así será. Las cosas ocurren cuando tú las ves ocurriendo. Esto es aplicable tanto en lo bueno como lo malo. Si tú ves cosas malas ocurriendo, tú le estás ordenando a tu Mente Creativa que convierta esas imágenes en realidad. Da gracias que lo contrario también es cierto. Cuando tú ves cosas buenas ocurriendo, tú le estás ordenando a tu mente que convierta esas imágenes en realidad.

¡Piensa sobre los pensamientos! Haz esto y entenderás por qué la gente es como es. Cuando estés con gente vaga, estudia su forma de pensar. Verás que sus circunstancias reflejan sus pensamientos. Ellos piensan en términos negativos—no puedo. Ellos se «explican» a sí mismos por qué no les está yendo bien; lamentablemente, en la mayoría de los casos, ellos realmente creen que las explicaciones son razones y no excusas.

Para ver otro punto de vista, pasa un tiempo con gente motivada (personas emprendedoras y trabajadoras). Estudia su manera de pensar. En vez de dar explicaciones, ellos producen resultados. Si aparece un problema, en vez de sentirse agobiados o derrotados, ellos se preguntan: «Veamos, ¿qué puedo hacer para superar esta situación?» Y eso es exactamente lo que hacen. Ellos guardan imágenes mentales llenas de acciones exitosas. Su Mente Creativa les guía en pensamiento y acción para solucionar el problema. Imagina su satisfacción. Estas personas disfrutan mucho más del juego de la vida que cualquier otro tipo de juego.

«¡Enriquécete mientras duermes!»

Por favor, perdona toda la repetición. Yo quiero que tú estés tan consciente de ciertos principios que ellos se conviertan en parte de ti. La hora de cama es un momento excelente para llenar tu mente con imágenes constructivas y positivas. Borra todas las imágenes de las experiencias del día pasado que lleguen a tu mente. Acuéstate con imágenes mentales de las cosas grandes que van a ocurrir el día de mañana.

Sé consciente que mientras duermes, tu Mente Creativa recibirá la información necesaria para guiar tus pensamientos y acciones. Cuando amanezcas, tú te regocijarás al estar seguro del día importante y exitoso que te espera. Evita los falsos positivos. A veces una afirmación positiva puede producir resultados negativos.

Imagina por un momento que estás diseñando una rutina para superar tu timidez. La afirmación «yo voy a superar mi timidez» es una declaración positiva, pero crea una condición negativa. Enfatiza el hecho de que tú eres tímido y hace que tu condición sea más real. Para vencer la timidez, afirma que a ti te gusta estar con gente y hablar con ellos. No hay nada negativo en esta declaración. Cuando estés formando imágenes mentales, tú debes verte a ti mismo compartiendo tiempo con otra gente y disfrutando de su compañía. Si tienes el hábito de hablar con amigos acerca de tu falta de confianza, deja de hacerlo. Esto sólo empeora la situación. Demuéstrale a tus amigos (con tus acciones) que tu timidez ya es algo del pasado.

Visualiza el estado que quieres tener, no la condición que estás tratando de superar. «Yo no voy a fracasar» es una frase negativa; «Yo soy un éxito» es positiva. «Yo no me voy a enfermar» es negativa; «Yo estoy recuperando mi salud» es positiva.

Supongamos que tienes que enfrentar una situación tan mala que te resulta imposible visualizar un resultado positivo. Te has quedado sin dinero y los acreedores te están acechando. Se te hace difícil mantener imágenes de ti mismo libre de toda deuda. Cuando tratas de formar imágenes positivas de ti mismo, las imágenes negativas vuelven a meterse. ¿Qué puedes hacer? ¡Es muy fácil! En vez de imaginarte a ti mismo con todos tus problemas resueltos, mantén una imagen de ti mismo obteniendo una solución para todos esos problemas. Visualiza que tú estás siendo guiado para tomar las decisiones correcta que te ayudaran a superar tu situación. Una sorpresa te estará esperando cuando despierte. Antes de desayunar, ideas te aparecerán en la consciencia y te explicarán qué pasos tomar para resolver tus problemas.

En una ocasión yo visité a un hombre que había estado al borde del abismo financiero y le pregunté qué había hecho para recuperarse tan fantásticamente. «Parecía que yo iba encaminado a la ruina financiera» me dijo él mientras miraba por la ventana con una expresión distante en sus ojos. «No podía imaginarme solucionando mi problema» dijo él. «Luego me acordé de haber leído esta afirmación: "Cada problema tiene una solución, sino no sería un problema"; y tenía mucho sentido. Esa noche cuando me acosté a dormir, en vez de pedirle una solución a mi Mente Creativa, yo le pedí que me guiara para encontrar una solución. Mientras desayunaba al día siguiente, ideas empezaron a llover sobre mi Mente Consciente, diciéndome cómo tenía que hacer para resolver mis numerosos problemas. Los pensamientos eran tan fáciles de entender que no tuve dudas sobre su efectividad. Yo los puse en acción y al poco tiempo, llegué a estar sentado en la cima del mundo. Yo dejé que mi Mente Creativa me guiara en cada paso que tomé—y es increíble la rapidez con la cual yo fui trasladado de las deudas a la riqueza.»

«Quiero hacer mucho dinero—y quiero hacerlo rápidamente», dijo un trabajador desilusionado. «Yo gano el mínimo necesario para sostener a mi familia. ¿Qué puedo hacer para salir adelante?»

A este hombre le dijeron que mantuviera una imagen mental de sí mismo viviendo en circunstancias más agradables y que borrara esa imagen de él atrapado en un trabajo común y corriente. La secuencia de eventos posterior a su cambio de imágenes mentales representa una historia de éxito interesante. El primer paso que él tomó fue aprovechar una oportunidad para comprar un terreno a un precio muy favorable. Él sabía que su pueblo estaba creciendo y que el valor de su terreno iba a aumentar. Guiado por su Mente Creativa para comprar ese lote, él pidió un préstamo con su compañía de seguros para el pago inicial. El hombre tuvo el lote por un breve periodo antes de venderlo, generando una ganancia de $2.000. Usando ese mismo dinero, él compró otra propiedad. Este terreno era lo suficientemente grande como para crear subdivisiones y lotes residenciales. Eso es lo que él hizo, generando una ganancia total de $21.000. Tú ya sabes el resultado final. Este hombre hizo mucho dinero, y lo hizo rápidamente.

El tamaño de tu éxito depende totalmente de la claridad de tus imágenes mentales. Si eres capaz de tomar tu borrador mental y eliminar todas las imágenes de dudas e incertidumbre ... si puedes reemplazar esas imágenes con otras que muestran la condición que gustaría tener ... y si tienes suficiente fe como para saber que puedes obtenerla—¡ten cuidado! Las cosas van a ocurrir.

No te apures avanzando al siguiente capítulo. Practica los ejercicios que te he dado. Quédate tranquilo que los resultados te llevarán hacia donde tú quieras.

CAPÍTULO 16

EDIFICANDO UNA CONSCIENCIA EXITOSA

«NOSOTROS PRIMERO PENSAMOS en términos de éxito antes de manifestar el éxito» es el primer lema que yo escribí después de aprender la influencia de la mente sobre lo material. Prácticamente cada capítulo en este libro fue escrito con la intención de explicarte que todos los logros empiezan como un pensamiento. No basta con sólo saber esto, porque también es necesario que tú aprendas cómo edificar una consciencia exitosa.

Piensa en un pastel de chocolate. Las capas, el glaseado y el relleno son tan deliciosos que tú asumes que seguramente se necesita una gran habilidad culinaria para cocinar semejante pastel. Pero si tú fueras a estudiar la receta, verías que una lista que pide una copa de esto, una cucharada de aquello y un poquito de saborizante. Te vas dando cuenta que al seguir las instrucciones cuidadosamente, ya no hay ningún misterio con respecto a la elaboración de un pastel.

Tener una verdadera consciencia exitosa no significa que tú quizás tendrás éxito; es una promesa definida de éxito.

Una consciencia de éxito es un estado mental en el cual tú sólo te ves como un éxito.

¡Recuerda esto! Cree que es verdad porque así lo es.

Yo me reunía frecuentemente con un amigo en mi taller de carpintería Él constantemente me hacía recordar que no sabía usar herramientas y que a él le hubiera sido imposible construir las cosas que yo había armado. Un día, yo decidí comprobarle que él estaba equivocado. Yo tomé los planes para un gabinete y separé los pasos individuales. «Este plan pide que use seis pedazos de madera que miden 30 pulgadas de largo, 12 de ancho y 1 pulgada de grueso. ¿Puedes tomar un tablón y cortarlo a esas dimensiones?» yo le pregunté. Sin dudarlo, él me respondió que sí. Luego yo le mencioné las otras medidas del gabinete y le pregunté si él también podía recortar esas piezas. Él dijo que podía. Así seguimos de paso en paso y él estaba de acuerdo con que cada uno no sería difícil.

Como producto de este experimento, mi amigo volvió a su casa y armó un gabinete realmente bueno. Ahora su propio taller de carpintería está lleno de herramientas eléctricas y su hogar muestra evidencia de sus obras. Ni bien él adquirió una consciencia de éxito con respecto a la carpintería, él se hizo capacitado.

Una consciencia de éxito te llevará al éxito en cualquier dirección. Si tus deseos incluyen la creación de una residencia y una seguridad financiera, una consciencia de éxito te ayudará a conseguirlo.

Una fórmula para construir una consciencia de éxito

Si tú ahora haces una pausa y vuelves a leer este libro otra vez más, tú podrías escribir la fórmula para construir una consciencia de éxito. Pero para tu conveniencia, yo te la daré aquí paso a paso.

1.- Reconoce que todo lo que otra persona ha hecho, tú también lo puedes hacer. Lee la historia del industrialista más grande del mundo, Henry J. Kaiser, y verás que él empezó su vida en circunstancias muy humildes. Él no heredó nada, sino que él se armó su propia fortuna. ¿Henry Kaiser alguna vez dijo: «Me imagino si podré hacer esto» o «Ojalá yo pudiera hacer eso»? ¡No! Primero él desarrolló una consciencia de «Yo puedo» y luego una determinación de «Yo lo haré». El resultado final fue un imperio comercial admirado en todo el mundo.

Los logros más importantes de Kaiser llegaron en su edad avanzada. Él ya había cumplido más de setenta años de edad y seguía trabajando. Kaiser demostró que la edad no es una barrera para la persona que cuenta con un espíritu de «Yo puedo—Yo lo haré».

Así que cuando estés creando una consciencia que proclama Yo Puedo, graba esas palabras en tu mente. Evita usar palabras como esperar, intentar y desear; enfatiza la palabra puedo. Cada vez que tú observes los logros de otra persona, no pienses: «Yo no puedo hacer algo así.» Tú debes saber que sí puedes hacer lo mismo—si eso quieres. Aunque en ese momento no te parezca verdad, dilo de todos modos. Al poco tiempo descubrirás que tu mente, en vez de cerrarse con el sentimiento negativo de estar superada, empezará a entender lo simple que será para ti llevar a cabo esa acción.

2.- Crea una actitud que proclama «Yo lo haré». Ni bien tengas en tus manos un plan que ayudará a alcanzar una meta más alta, empieza a seguirlo de inmediato. No esperes hasta mañana, porque el día de mañana quizás nunca llegue.

Hay muchas personas que tienen una actitud de yo lo haré, pero son incapaces de dar arranque. Ellos tienen un sin fin de razones por las cuales sería mejor empezar más adelante. Si ellos tal vez entendieran las razones fundamentales de su procrastinación, ellos tendrían menos razones para procrastinar.

Iniciar un trabajo requiere más esfuerzo que continuarlo cuando ya ha comenzado. Para empezar algo, primero debes pensar sobre qué vas a hacer y cómo lo harás. Tú tienes que tomar en cuenta las herramientas necesarias para el trabajo: dónde están y cómo conseguirlas. Después de tomar estos pasos, todavía se necesita tiempo para entrar en acción. Pensarás acerca del trabajo antes de comenzar. Esta etapa de pensamiento quizás tarde minutos, horas o hasta días; a veces los días se convierten en meses o años.

En una ocasión, yo estaba por hacer un pequeño trabajo y de repente, por ninguna razón en particular, yo lo dejé de lado para otro tiempo. Cuando mi consciencia me empezó a molestar al día siguiente, yo me di cuenta que si yo hubiera comenzado el trabajo el día anterior, ya estaría completado; mi mente no estaría pensando en él. «Ya que el tiempo marcha sin parar» pensé yo, «no sería mejor pensar en terminarlo que en empezarlo? Así, mi mente pensará en el final alegre y no en el comienzo difícil.» (Yo uso este principio aún con las visitas al dentista. Cuando hago una cita, en vez de pensar acerca del dolor y la molestias, yo pienso en el momento cuando me levanto de su sillón, sintiéndome aliviado.)

3.- Desarrolla una actitud de hacer las cosas ahora mismo. Después de identificar tu objetivo y decidir que puedes hacerlo y vas a hacerlo, ¡el siguiente paso es HACERLO! Pon tu actitud de hacerlo ahora en acción.

¡Tú tienes una consciencia de éxito!

Después de haber aceptado estos puntos anteriores, tú ya tienes una consciencia de éxito. Te alegrarás al saber que tú eres amo de tus propias circunstancias; ellas no te dominarán. Si no estás contento con tu vida, ahora sabes que tienes el poder para cambiarla según como tu quieras.

Ed Roberts había sido un conserje en una escuela por mucho tiempo. Su sueldo apenas le permitía comprar los víveres para su esposa y su hijo. Ed esperaba quedarse estancado por el resto de su vida porque creía que él no tenía el entrenamiento necesario para conseguir un trabajo mejor. Un día, un vendedor le intentó vender una máquina eléctrica para lustrar pisos. «Oh, yo nunca podría comprar eso con mi salario» le explicó Ed.

«¿Por qué no ganas más dinero?» le preguntó el vendedor.

Mil pensamientos corrieron por la mente de Ed. «Sí, ¿por qué no gano más dinero?» se preguntó. Él pensó en las muchas personas que compartieron su pasado y sin embargo estaban viviendo mucho mejor que él.

Una luz empezó a brillar fuertemente en la mente de Ed a medida que él pensaba en todas las cosas que podría estar haciendo, cosas que no sólo eran más dignas, sino también más rentables.

Por varios días, las palabras del vendedor siguieron a Ed, motivándolo. Ed comenzó a desarrollar una consciencia de éxito mientras decidía cuál sería su meta: convertirse en un arrendador en vez de de un inquilino. Esto era algo que él sabía que iba a lograr.

Lo primero que hizo fue tomar los pocos dólares que había ahorrado y hacer un pago inicial por un pequeño complejo de cuatro apartamentos. Su familia y él se mudaron a uno de los apartamentos y los otros tres fueron alquilados. La renta que él cobró era suficiente para hacer pagos por el edificio y crear una nueva cuenta de ahorros.

Con el tiempo, Ed finalmente dejó su trabajo de conserje y compró un edificio de apartamentos más grande. Los ingresos de este hombre siguieron aumentando y él se hizo muy próspero. Este cambio notable se llevó a cabo después de que él obtuvo una consciente de éxito y él supo que podía hacer este tipo de cosa. El Sr. Roberts ya no tuvo que preguntarse a sí mismo si podía comprar algo. Al contrario, él ahora se preguntaba: «¿Lo quiero o no?»

Una de las compañías más grandes de fiabilidad financiera ha dicho que sólo una de cada cuatro compañías nuevas sobrevive su primer año de negocios.

Existen muchas razones que explican el número de fracasos; yo creo que se debe a que muchos de los emprendedores que fracasaron lo hicieron porque ellos no empezaron con una consciencia de éxito. Ellos empezaron un negocio con la esperanza de poder ganar mucho dinero. Los que tuvieron éxito empezaron sabiendo que iban a triunfar.

Cuando tu inicias algo con una consciencia de éxito, tú eres guiado para pensar los pensamientos y hacer las cosas que te traerán éxito. Desear es algo negativo. Cuando tú única motivación es deseo, tu Mente Creativa guía tus pensamientos y acciones hacia las cosas que producen fracasos. Tú no deseas las cosas que ya sabes que puedes tener.

Una vendedora de audífonos dijo que ella se esforzaba mucho para poder vender tres audífonos cada semana (el número necesario para vivir con lo justo). Después de asistir a una conferencia sobre la consciencia de éxito, ella declaró que iba a vender por lo menos cinco audífonos por semana. La semana siguiente, ella vendió seis ejemplares; y de ahí en adelante, ella vendió cinco o seis audífonos cada semana. Es más, ella anunció con entusiasmo que ya no le hacía falta esforzarse tanto como antes.

Un redactor creativo en una agencia de publicidad producía buenos textos, pero su trabajo era bastante difícil. Él pasaba muchas horas produciendo algo que él consideraba aceptable. En muchos casos, él reescribía una publicidad varias veces antes de quedar satisfecho con ella.

Como yo también había trabajado con publicidades, este muchacho joven me preguntó si había algo que él podía hacer para aliviar su trabajo. Yo inmediatamente le sugerí: «¡Haz que tu Mente Creativa trabaje para ti!»

Al principio él no entendió lo que le estaba diciendo, así que yo se lo expliqué un poco más. Este joven admitió que a él no le agradaba mucho escribir publicidades y que de hecho, él le tenía miedo a su trabajo. Él encaraba cada trabajo que le asignaban sintiendo que la tarea iba a ser difícil—y siempre resultaba así. «Crea una consciencia de éxito con respecto a tu trabajo», yo le expliqué. «Si tú mientras trabajas piensas: "A mí me gusta escribir publicidades; es fácil para mí", verás una diferencia notable en tu trabajo.»

Casi de inmediato, este redactor empezó a producir dos veces más publicidades que antes—y el material era mucho mejor. «Los pensamientos me llegan tan rápidamente que apenas puedo escribirlos» declaró él con gran entusiasmo.

Para aquellos que no saben nada acerca del funcionamiento de la mente, esto no es ningún milagro. Si tú piensas que cierta tarea será difícil, tu Mente Creativa acepta ese pensamiento como una instrucción y hace que esa tarea sea difícil. Si tú disfrutas de cierto trabajo y sabes que es fácil para ti, tu Mente Creativa aceptará ese pensamiento como instrucción y te guiará para hacer bien tu trabajo.

Yo una vez escribí un curso de estudio particular sobre las ventas por correo. (Se trata de una especie de publicidad en la cual una compañía le envía cartas a posibles clientes para ofrecerles ciertos productos o servicios.) Una de las lecciones estaba dedicada al tema de la creación de una consciencia de éxito con respecto a las cartas. Los estudiantes aprendían que cuando escriben cartas, ellos deben saber que están siendo guiados para escribir algo que obtendrá mejores resultados.

Una revista de negocios organizó un concurso ofreciendo premios para las mejores cartas de ventas. Uno de mis estudiantes ganó el primer premio y otro el tercero. Ganar premios fue sólo una pequeña parte de la historia. Muchos de los estudiantes recibieron buenas ofertas de trabajo gracias a su habilidad para escribir cartas que producían resultados. Aquí también podemos ver el mismo principio en acción: piensa que tú puedes escribir buenas cartas, y tú podrás escribir buenas cartas.

Mientras yo escribía este capítulo, un joven me llamó por teléfono para contarme que se había enrolado como estudiante en la Universidad de California en Berkeley. Él estaba preocupado por que no sabía concentrarse; él tenía miedo que sus notas iban a ser malas.

Con lo que ya has leído hasta ahora, ¿piensas que podrías aconsejar a este muchacho?

¡Claro que sí! Tú le podrías decir que desarrolle una consciencia de éxito hacia su concentración al pensar que él ya posee una gran capacidad para concentrarse; que él puede guardar un pensamiento hasta que ya no tenga uso para él. Yo creo que este joven recibió la ayuda que estaba buscando. Después de escuchar mi explicación, él me respondió diciendo: «Ahora le entiendo. De ahora en adelante, yo me veré como una persona que sabe concentrarse.»

Qué apasionante ha sido este capítulo, ¿no? ¿Ahora puedes verte a ti mismo siendo amo de todas tus circunstancias? ¿Ya te queda claro que tú eres lo que tú piensas que eres? Si tú vida no ha sido la que has deseado, el único que tiene la culpa eres tú.

¿Qué pensarías de una familia con comida abundante muriéndose de hambre? Esta pregunta suena ridícula hasta que te das cuenta que muchas personas están haciendo exactamente eso. Ellos tienen todo lo necesario para contar con salud, riqueza y felicidad; sin embargo, ellos no aprovechan su poder interno y viven sólo para existir. Ellos no están disfrutando de las numerosas bendiciones que podrían ser suyas.

Enriquécete mientras duermes

Tu Mente Creativa funciona mejor mientras tu Mente Consciente está ocupada con alguna otra cosa o descansando (durmiendo). Mantén pensamientos positivos a lo largo del día, pero los mejores resultados vienen al implantarlos en tu mente justo antes de acostarte. Ni bien te retires a tu cama, piensa en la consciencia de éxito que quieres desarrollar. Si quieres ser un escritor, mantén el pensamiento de que eres un buen escritor; y que serás guiado para desarrollar temas para los artículos que quieres escribir. Si tu deseo es ganar más dinero, no te conformes con desearlo. Debes saber que vas a ser guiado en pensamiento y acción para alcanzar tu meta. Si tú plantas pensamientos de éxito (y sin dudas) en tu mente, te asombrarás al descubrir la fidelidad de tu Mente Creativa.

¡PRACTICA! ¡PRACTICA! ¡PRACTICA!

El conocimiento no tiene valor alguno si no lo utilizas. En vez de sólo estar de acuerdo con las ideas que te he presentado, dales una oportunidad para que trabajen para ti. No abordes la práctica con una actitud de cuestionar si funcionará. Esto ha funcionado para los demás; también funcionará para ti. Tal vez tú preguntes: «¿Puedo practicar más de un objetivo a la vez?» ¡Sí! Esta es una de las situaciones en la cual tener varios compromisos al mismo tiempo es favorable. Tú puedes desarrollar una consciencia de éxito con el dinero. Tú puedes ser consciente de que tienes un gran talento en cualquier área de trabajo que te interese. Si no te agrada tu personalidad, desarrolla una consciencia de éxito que guiará tus acciones y pensamientos para darte una personalidad más atractiva.

Antes de comenzar el siguiente capítulo, toma un momento para contemplar. Haz un repaso mental de lo que has leído en este capítulo. Si no recuerdas bien lo que hay en él, vuelve a leerlo una vez más. Sería imposible asignarle un precio a lo que recién acabas de aprender. No te permitas perder nada de lo aprendido.

CAPÍTULO 17

DESCUBRIENDO LA LEY DE LA ABUNDANCIA

FUE DESPUÉS DE UN LARGO y frío invierno, cuando los árboles recién estaban volviendo a florecer con sus tonos verdes, que una importante verdad me fue revelada. Los seres humanos tienden a ser egoístas y tienen miedo de deshacerse de algunas de sus posesiones, porque temen que quizás no podrán reemplazarlas.

Por otro lado, la naturaleza siempre está dando. Los árboles no sienten miedo al perder sus hojas cuando llega el otoño porque tal vez no volverán en la primavera. ¿Alguna vez has escuchado de alguna criatura que vive en su hábitat natural muriéndose de hambre?

En el Capítulo 8, yo expliqué que el dinero compra trabajo; el hecho de extraer materiales crudos de la tierra y convertirlos en productos.

Los materiales crudos existen en abundancia. La tierra está siempre lista para dar generosamente de sus reservas de minerales y vegetales. No existe ninguna escasez de mano de obra para remover los materiales crudos y convertirlos en productos manufacturados.

Muchos se preguntarán: «Si eso es verdad, ¿por qué a la gente se le hace difícil comprar los productos? ¿Por qué carecen de dinero?»

La respuesta es porque ellos están guardando su dinero en vez de comprar productos.

El escritor inglés James Howell dijo: «La riqueza no le pertenece a quien la tiene, sino a quien disfruta de ella.»

Si todo el dinero en el mundo se mantuviera en circulación, todos tendrían trabajo. Todos tendrían suficiente dinero para comprar no solo las necesidades de la vida, sino también varios elementos lujosos. Es cierto que una situación así suena como una utopía. Por más buena que parezca esta idea, yo no estoy seguro que estoy de acuerdo con ella.

¡La motivación desaparecería! La gente solamente haría lo mínimo para cubrir sus propios gastos y nada más. Los hombres y las mujeres con visión son los que construyen residencias, industrias y ciudades; ellos son los que hacen que las ruedas del progreso sigan girando e inspiran a los demás a seguir sus pasos.

Existe una ley de abundancia. La cantidad de bienes materiales que tú adquieres es directamente proporcional al tamaño de tu ambición.

Las estadísticas comprueban que sólo el 5% de la población disfruta de éxito financiero. Para una persona con mente negativa, esta cifra parecerá deprimente; para otros, será esperanzadora. Para aquellos de ustedes que están desarrollando una actitud positiva, esta estadística muestra cuánto lugar hay en la cima, y con tu determinación que dice «yo lo haré» tú podrás alcanzarla.

¡Sólo piensa en las probabilidades que están a tu favor! Si tú fueras a buscar oro o algún otro metal precioso, seguramente irías a un área que muestra sueñas de que tal vez ahí exista lo que estás buscando. Tú invertirías bastante tiempo y dinero determinando si tú suposición era correcta.

Para aprovechar la ley de la abundancia, tú primero debes saber que la clave de tu éxito está dentro de tu mente. Cuánta abundancia recibirás dependerá totalmente de la consciencia de éxito que tú has desarrollado. Si lo que tú quieres parece imposible—no te puedes imaginarte siendo dueño de eso—esforzarte no traerá ningún beneficio. La duda que habita en tu mente ganará.

Después de una de mis presentaciones sobre la ley de la abundancia, un muchacho se me acercó y con mucho entusiasmo me admitió: «Yo siempre deseé poder ser rico, pero detrás de mi deseo había un sentimiento de que esa riquezas nunca fueron creadas para mí.

Después de su charla, yo ahora sé que puedo ser rico y no pararé hasta que mi cuenta de banco tenga por lo menos un millón de dólares.» Este hombre no tenía dinero y sus perspectivas hacia el futuro eran pocas, pero de alguna manera, yo le creí. Su sinceridad y su confianza me hicieron creer que él no estaba ilusionándose en vano.

Menos de dos años tras haber conocido a este muchacho entusiasmado, él me llamó para invitarme a almorzar. Él luego me reveló que su fortuna personal ya había superado un millón de dólares—y aún seguía creciendo.

Yo no he sido tan afortunado con la mayoría de las personas que asisten a mis discursos. Todos están de acuerdo que les gustaría ser ricos; sin embargo, son pocos los que entienden la verdad de que las riquezas serán suyas ni bien empiecen a creer que pueden ser ricos.

Recuerdo el caso de otro hombre que vino a mí con mucho entusiasmo y me contó que ahora él entendía e iba a ser rico. Pasó bastante tiempo y él volvió a hablar conmigo y a jactarse porque su nueva actitud mental había multiplicado su sueldo. «¿Ya eres rico?» yo le pregunté con algo de cautela.

«No» me respondió él con una voz firme. «Las riquezas son demasiado para esperar en tan poco tiempo.»

La convicción de este hombre no alcazaba más allá que un aumento de salario. Quizás él intentó creer que podía ser rico, pero él no tuvo suficiente fe. «Pues, si un cambio de actitud mental pudo duplicar tu salario, ¿por qué no has crecido mentalmente hasta poder verte a ti mismo como una persona muy rica?» yo le pregunté. Él me dio una respuesta rápida y positiva. Aunque yo no lo he visto desde ese día, estoy seguro que cuando lo vuelva a ver, estaré saludando a un hombre próspero.

Un hombre en el estado de Florida acumuló una fortuna millonaria cuando él aún era bastante joven. Él perdió su fortuna rápidamente por causa de unas malas inversiones. Obviamente, este hombre se amargó por su pérdida, pero no se desanimó. Él sabía que todavía contaba con la misma habilidad que tuvo cuando acumuló ese dinero, pero ahora también tenía más experiencia. Por lo tanto, él volvió a empezar desde el principio y con el tiempo logró recuperar su fortuna.

La idea principal de este capítulo es hacerte creer. Tal vez tú digas que crees, ¿pero en realidad lo haces?

¿Has escuchado la historia del pastor que pasó unos días con una familia que eran miembros de su congregación? Durante la cena, el tema de la conversación era la fe. El esposo le preguntó: «¿Cree usted, pastor, que la fe puede mover montañas como dice la Biblia?»

«Sí, eso creo» respondió el pastor tranquilamente.

«Pues muy bien, entonces esta noche me acostaré creyendo que en la mañana, la montaña delante de nuestro hogar desaparecerá» declaró el hombre.

La siguiente mañana, él miró por la ventana y viendo la montaña, él se jactó, diciendo: «Yo sabía que no iba a desaparecer.»

Muchas veces lo que tú consideras fe es nada más que una ilusión. Tú intentas creer. Pero el patrón de dudar que ya se ha establecido en tu mente termina ganado y neutraliza los pensamientos que tú esperas convertir en convicciones. Tal vez suene raro, pero en la mayoría de los casos, tu subconsciencia resistirá los pensamientos positivos de tu consciencia. Esto usualmente se debe a algún tipo de complejo de culpa. Quizás hayas pecado y sientes que no mereces tener las mejores cosas en la vida. Bajo este tipo de condiciones, cualquier intento tuyo por acceder a la fuente de abundancia será en vano.

Retenido por un sentimiento de culpa

¿A alguien que ha pecado se le debería impedir tener éxito y felicidad? Si la respuesta es sí, entonce no habría muchas personas felices y exitosas. ¿Quién puede decir honestamente que jamás ha pecado de alguna manera?

Me gustaría hacer una pregunta: cuando uno es obstaculizado por un pecado, ¿esa persona está ayudando a alguien? La respuesta, desde luego, es no.

Si esa persona vive el resto de su vida como un fracaso, no podrá ser considerada como una buena proveedora para su familia. Esa persona no está ayudando económicamente a su comunidad, porque al ser un fracaso, no puede ser cliente en los negocios que frecuenta.

Si a través de la introspección tú descubres que has estado guardando un sentimiento de culpa, busca una manera para beneficiarte de él. Aprende de tu arrepentimiento; úsalo para ayudar a otros a no cometer los mismos errores que tú hiciste. Al hacer esto, esos errores se convertirán una bendición para la humanidad.

Limpiar tu consciencia y eliminar los elementos que la perturban te permitirá adoptar una actitud completamente diferente hacia ti mismo. Así pasarás a creer que el éxito y la felicidad forman parte de tu herencia legítima.

Como ejemplo tenemos el caso de un hombre que quería morirse. En dos ocasiones él intentó suicidarse. Él fue convencido a visitar un psiquiatra que descubrió algo interesante. En sus años veinte, este hombre acumuló grandes deudas. En lugar de intentar pagar sus deudas, él se mudó a otra ciudad.

El terapeuta le dijo que no era demasiado tarde para redimirse y pagar sus cuentas. Pero el paciente le informó que después de tantos años, él ya había olvidado los nombres de sus acreedores. Él se acordó de algunos, pero no los pudo encontrar. «Sé honesto en todo lo que hagas con la gente. Cada oportunidad que tengas para ayudar a alguien necesitado, hazlo pensando en los acreedores que perdieron dinero contigo. Esto te ayudará a redimir tu consciencia y por fin volverás a vivir» le aconsejó el psiquiatra.

Esta sugerencia resultó ser una fórmula mágica. Este hombre creó un fondo de beneficencia para ayudar a otras personas; él compró libros de motivación para aquellos que podían ser ayudados, y también abrió un negocio que empleó a muchas personas con discapacidades físicas.

Antes de su terapia, este hombre con una consciencia culpable apenas se ganaba la vida—y definitivamente no era feliz. ¡Pero qué revelación! Con una mente liberada de la culpa, él hizo cosas grandes porque sintió que tenía el derecho de hacerlas. Y con su revelación también le llegó la felicidad.

Quizás este caso haya resonado contigo. Muchas personas sufren de un complejo de culpa sin saberlo. Si tú sientes que no mereces éxito, tienes que saber que cada día es una oportunidad para una nueva vida. Tú no puedes revivir el pasado; tu futuro depende de lo que tú haces ahora—no de lo que hiciste hace diez, veinte o treinta años.

¿Sabes por qué tantas personas en libertad condicional vuelven a cometer crímenes ni bien salen de la cárcel? Yo creo que es porque ellos tienen consciencias culpables. Ellos se ven a sí mismos como criminales y por lo tanto, se comportan como es de esperar. Aquellos que son capaces de limpiar sus almas y corazones de toda la mala voluntad que sienten contra sí mismos podrán tener éxito con un nuevo comienzo en sus vidas. Los ex presidarios que logran entender que la culpa es parte del precio que deben pagar por sus crímenes con el tiempo podrán superar la vergüenza. Ellos también obtendrán el respeto de quienes los conocen.

¿Cuán real es la Ley de la Abundancia?

«Yo no creo en todo eso de la mente siendo superior a lo material» dijo un muchacho con cierta imprudencia. «Esa gente cree que si tú piensas así y haces ciertas cosas, el éxito vendrá, te tomará de la mano y se quedará a tu lado por el resto de tu vida.» (La mayor parte de las personas piensan de esta manera. Es por eso que el 95% no logra éxitos en su vida.)

«¿Te consideras un éxito?» yo le pregunté a este joven escéptico.

«No» respondió él.

«¿Por qué no?»

Él me dio muchas excusas: no tenía educación; no conocía a nadie importante que le pudiera ayudar a mejorarse; no tenía dinero y no podía abandonar su trabajo para dedicarse a un campo nuevo. Así siguió sin parar—nunca dándome una razón válida que explicara su falta de éxito.

Si uno escuchara a este hombre hablar acerca del éxito, uno pensaría que no existe suficiente éxito para todos y que muchas personas están condenadas al fracaso.

Yo le hablé por un buen rato sobre la ley de la abundancia. Le expliqué que en realidad sí hay suficiente éxito para todos, especialmente si más personas pudieran adquirir una consciencia de éxito. Cuando eso ocurra, más éxito habrá para los demás.

Por medio de una serie de preguntas bien diseñadas, yo lo guíe a este muchacho en la conversación hasta que él me entregó una lista completa de sus argumentos—la mayoría de los cuales él mismo creía. Luego yo los examiné uno por uno y demostré que no eran razones, sino simples excusas. Finalmente, una pequeña luz empezó a brillar en sus ojos y él pudo ver que el concepto de la mente sobre lo material tiene una fundación sólida. Él no sólo se puso a pensar en las cosas que ahora podía hacer, sino también las cosas que iba a hacer.

A lo largo de su vida, este joven había estado interesado en el negocio inmobiliario, pero nunca sintió que podría tener éxito en ese campo. Tras finalizar nuestra charla, él decidió tomar los pasos necesarios para convertirse en un agente inmobiliario. Asistió a las clases necesarias para cumplir los requisitos educativos para su licenciatura.

Cada estado requiere que los agentes completen un examen antes de obtener una licencia—él lo tomó y lo pasó. No le tardó demasiado tiempo encontrar un trabajo en una agencia inmobiliaria y gracias a su cambio de actitud, le fue muy bien. De hecho, en su primer mes, él cerró una venta que le dejo $765 de comisión.

El mes siguiente, nuestro amigo gano más de mil dólares—y siguió aumentando sus ingresos. Él dejó su trabajo en la agencia inmobiliaria y abrió su propia oficina. Con el tiempo, él ahorró suficiente dinero para comprar su propio terreno y edificó un proyecto de viviendas. Este joven logró convertirse en director de una empresa multimillonaria.

¿Piensas que él siguió cuestionando la validez de la superioridad de la mente sobre lo material? ¿Habrá continuado dudando de la ley de la abundancia? «¿Cómo puede ser tan ciego uno?» se preguntó él al relatar su historia. «Abre tus ojos. Deja que la luz de la oportunidad brille sobre tu consciencia» él le aconsejó a otros que dudaban. «Allí afuera» dijo él, «hay fortunas para cualquier que esté dispuesto a aceptar esa verdad. Las riquezas están tan cerca que uno puede literalmente estirar su mano y agarrarlas.»

«Los tiempos son malos y empezar a salir adelante es difícil» fue la explicación que un hombre pobre me dio. Yo le respondí: «¡No es así!» Los líderes más importantes nacen durante los periodos más difíciles. En esos tiempos, las oportunidades son abundantes. Durante los tiempos difíciles,si tú le explicas a los empresarios cómo pueden aumentar sus ventas, ellos prestarán mucha atención. Cuando las cosas van bien, es más probable que no te presten atención.

Apenas después de la depresión de 1929, cuando muchos negocios cerraron sus puertas, yo hablé con un hombre que estaba empezando una nueva compañía. «Mis amigos me dicen que estoy loco por abrir un negocio ahora, pero yo no tengo miedo. Voy a tener mucho éxito.» Este hombre sí prosperó. Cuando la depresión terminó, él ya estaba muy por delante de los otros negocios que recién estaban comenzando—y ellos nunca lo alcanzaron.

Las depresiones económicas no son productos de la naturaleza;

son creadas por el hombre. De la misma manera, las recuperaciones económicas son creadas por el hombre, no la naturaleza.

Durante la Gran Depresión de 1929, yo estaba empleado en una agencia publicitaria en Nueva York. Cada día, yo recibía en mi oficina a hombres y mujeres buscando trabajo. Ellos lo necesitaban por que no tenían dinero para los gastos del hogar.

Un caballero en Seattle, Washington, quiso trabajar en mi compañía. Un par de veces al mes, yo recibía una carta suya hablando acerca del puesto que él deseaba ocupar. Él me presentaba algunas ideas para aumentar mis negocios pero nunca mencionó su falta de trabajo. Aunque había miles de personas sin empleo cerca de mi oficina, yo escogí a este hombre de la costa oeste de los EE.UU. Él no veía un mundo que se había detenido. Este individuo creía en la Ley de la Abundancia—él comprobó su existencia a través de sus acciones.

¿Cómo pondrás a prueba la Ley de la Abundancia?

Los bebés gatean antes de caminar; ellos caminan antes de poder correr. Este es un buen patrón a seguir cuando uno quiere poner a prueba la Ley de la Abundancia. Pruébala en algo modesto.

Tal vez tengas un automóvil viejo. Cada año se producen millones de autos nuevos; esos autos se venderán a millones de personas— no hay razón por la cual tú no puedas ser uno de ellos.

Primero, decide que quieres comprar un auto nuevo. Determina la marca y el modelo que quieres. Establece en tu mente que tú tienes la fe que permitirá conseguirlo—luego pon esa fe en acción. Antes de irte a dormir, planta en tu Mente Creativa la idea de que tú serás guiado en pensamientos y acciones para convertir tu auto nuevo en una realidad.

Esta prueba debería significar mucho para ti. Ella debería hacerte entender que tú sí puedes obtener lo que quieres en la vida. Si eres guiado por la fe (y no por deseos), ya verás en qué poco tiempo estarás conduciendo tu auto nuevo.

Para la próxima prueba, atrévete con algo más grande. ¿Quieres ser dueño de tu propio negocio? Usa estos mismos principios y al poco tiempo, tu nombre adornará un edificio.

No hay escasez de bendiciones

No habrá ninguna escasez con las bendiciones que la naturaleza está dispuesta y ansiosa por darte. La ley de la abundancia nunca falla. Trabaja de acuerdo a la ley y ella trabajará para ti. Como cierre de este capítulo, quiero enfatizar este pensamiento: sé feliz! Tu ahora estás capacitado (por medio del uso de la ley de abundancia) para disfrutar de la vida.

Como dijo James Howell: « La riqueza no le pertenece a quien la tiene, sino a quien disfruta de ella.»

CAPÍTULO 18

¡ENRIQUÉCETE AHORA MISMO!

«YO CREO QUE LA GENTE puede hacerse rica si hace lo correcto» me admitió un hombre joven, «pero eso tarda mucho tiempo. Se requiere más ambición de la que yo tengo.»

Esta declaración no es muy rara—aunque pocas personas están dispuestas a admitir sus debilidades tan libremente como este hombre casado. La realidad es que la mayoría de las personas sienten que el camino hacia el éxito es duro y ellos titubean cuando es tiempo de empezarlo.

Supongamos que alguien te fuera a dar un cheque grande con seis cifras o más. Sentirías que de repente te has convertido en una persona rica, ¿no?

Desde luego que pasarían unos días antes de que tú pudieras usar ese dinero, porque un cheque de semejante tamaño tendría que ser aprobado por un banco antes de poder extraer fondos de él. Por lo tanto, habría unos cuantos días en los que tú te sentirías rico sin realmente serlo. Te sentirías rico porque tú sabrías que el dinero pronto estaría disponible.

Los principios presentados en este libro no representan un cheque por cierta cantidad de dinero, sino un cheque en blanco; un cheque por cualquier suma de dinero que tú quieras, cualquier cantidad que tus convicciones pueda visualizar. Estos principios han funcionado una y otra vez; siguen funcionando y seguirán funcionando.

Dada esta realidad, ¿acaso ya no eres rico? ¿Esto significa que debes pagar todas tus deudas antes de hacerte rico? Claro que no, porque tú sabe que con este cheque en blanco, tú podrás satisfacer cualquier deseo por cosas materiales y también pagar cualquier deuda que tengas.

Uno de los lectores de mi libro *I Will* quedó tan inspirado que decidió comprobar que él podía ser exitoso. Su primer problema fue su ropa. Él sabía que para ser exitoso, era necesario proyectar una imagen de éxito. Pero los pantalones de su único traje eran viejos; los tacos de sus zapatos estaban gastados y sus camisas daban señas de haber sido arregladas en numerosas ocasiones.

Tú ya sabes que cuando uno desarrolla una consciencia de éxito, las ideas constructivas empiezan a fluir. Lo mismo ocurrió con este hombre. Él entró a una pequeña tienda de ropa y hablando con el dueño le explicó su situación. Él le dijo que necesitaba un traje completo y le preguntó si había alguna manera de pagar por su ropa con trabajo. El dueño le respondió que necesitaba instalar unos estantes. Este hombre había hecho trabajos de carpintería en el pasado y no dudó en ayudar al dueño y trabajar para pagar su traje. Al poco tiempo, este muchacho pudo dejar una buena impresión y quedó listo para alcanzar su éxito.

Él consiguió un trabajo vendiendo inversiones y valores. Es más, su desempeño fue tan bueno que él llegó a convertirse en gerente con un sueldo de casi $2.000 al mes. Este hombre no se convirtió en un éxito después de haber conseguido un sueldo más grande; él se convirtió en un éxito ni bien él empezó a verse como un éxito. Con el comienzo que él tuvo, podemos decir con certeza que él se convertirá en un hombre rico y poderoso.

¿Esto puede ser verdad?

Cuando escribí este capítulo, yo hice una pausa aquí para preguntarme dos cosas importantes: «¿Ser exitoso es tan sencillo como yo lo estoy describiendo? ¿Será posible, para una persona común que lee este libro y sigue sus sugerencias, cambiar una vida de mediocridad por una de felicidad y riquezas?»

La respuesta para ambas preguntas es sí. Sin embargo, no todas las personas que leen libros de autoayuda (ya sean los míos o los de otros autores) logran realizar sus aspiraciones. Gracias a mis estudios de la gente y por qué son como son, yo creo que sé cuál es la razón. Al incluirla aquí, estoy seguro que un porcentaje más grande gente será beneficiada.

¡Lo desconocido causa terror! Prácticamente todos tus temores y preocupaciones están basadas en lo desconocido. Tú no sabes qué pasará, así que tu mente se preocupa con todas las cosas que quizás ocurrirán. Los poderes de concentración de la mente son más fuertes en el medio de la noche cuando no es posible distinguir entre objetos por causa de la oscuridad. Como no hay distracciones visuales, tú puedes concentrarte en cualquier cosa que te genera miedo.

En la oscuridad, por lo tanto, tu mente te hace pensar que tu vida está muy comprometida; que tienes tantos problemas que sería inútil probar cualquier método de autoayuda.

Todas las personas piensan que son únicas. Tú estás seguro que tus problemas son diferentes a los de otras personas y son más difíciles de resolver.

Si eres sincero en tu intención de ayudarte a ti mismo, lo que harás es traer todos tus problemas a la luz, para así poder verlos y deshacerte de ellos. Toma un lápiz y papel y haz una lista con todo lo que te ha estado molestando. Después de terminar la lista, organiza esas cosas según su importancia, poniendo en primer lugar la cosa que más te molesta. Estudia esta lista, pero no te preocupes por ella. De hecho, sé feliz, porque a través de tu nueva actitud mental, tú estás a punto de eliminar todas las cosas que están en esa lista.

Si tratas de aplicar los principios de éxito con una mente confundida por una cantidad desconocida de problemas, no serás capaz de obtener una perspectiva clara con respecto a lo que deseas lograr. Cuando intentas mantener una imagen mental de ti como una persona rica, pensamientos opuestos aparecerán desde los rincones confusos de tu mente, neutralizando el efecto de tus pensamientos constructivos. Es como tratar de escribir mientras alguien está hablando; no puedes mantener tu mente concentrada en la tarea. Después de completar la lista que te he sugerido, tú tendrás una imagen clara de los problemas que vas a intentar superar. Ahora podrás enfocar tu atención en desarrollar una consciencia de éxito porque ya sabrás lo que quieres lograr.

¡Enriquécete AHORA MISMO!

Si tú has obtenido una consciencia de riqueza, tú ahora ya eres rico. Tomando los pasos necesarios para poner dinero en el banco y adquirir las cosas que deseas es una simple formalidad. Pero no te apresures por acumular riquezas materiales. Recuerda: el éxito no es un destino, es un viaje. En mi libro *I Will*, yo cuento la historia de un magnate que dijo: «La emoción más grande de mi vida no fue tener dinero, sino hacer dinero.»

En una ocasión, mi esposa y yo pasamos unos días en un hotel de Nueva York en el cual residen mucha gente rica jubilada. Estudiar los rostros de las personas en salón comedor me reveló mucho sobre la naturaleza humana. Sus expresiones no eran para nada animadas. Esta gente ya había hecho su fortuna y ya no les hacía falta ganar más dinero. Ellos podían comprar cualquier cosa, lo que significaba que ellos ya no querían nada.

Otro día, nosotros almorzamos en un hotel popular done la gente se reunía a charlar de negocios mientras comían. ¡Qué diferencia! Sus rostros estaban llenos de vida y sus ojos brillantes demostraban que para ellos, sus vidas eran un panorama cambiante de eventos interesantes.

Durante un viaje en avión, yo me senté al lado de un hombre cuyo trabajo era arreglar compañías en problemas. Él se encargaba de tomar una compañía que estaba a punto de fracasar y manejarla con principios lógicos que le permitirían recuperarse. Este hombre me explicó que usualmente tenía éxito; muchas empresas en situaciones precarias sobrevivían gracias a él.

«Es chistoso como terminé trabajando en este negocio» dijo él con una sonrisa. «Yo antes era un contador. Una vez, cuando no tenía mucho trabajo, yo tomé un tiempo para ayudar a un amigo cuyo negocio estaba encaminado a la bancarrota. Yo me convertí en un doctor de compañías enfermas, algo que me ha mantenido ocupado alegremente.»

«¿Qué haces tú para el presidente de una compañía que el mismo no pueda hacer?» yo le pregunté con mucho interés.

«Cuando un hombre permite que su negocio se encamine al fracaso, su mente está tan llena con pensamientos de las posibles consecuencias que a él le cuesta pensar en términos de remedios y soluciones. Por lo tanto, el negocio poco a poco se va hundiendo. Yo, por otro lado, puedo concentrarme en hacer las cosas necesarias para brindarle estabilidad a la empresa.»

Mi conversación con este «doctor» estuvo vinculada a lo que yo dije antes en este capítulo: los elementos negativos que tienes en tu mente suelen sobreponerse a los pensamientos constructivos que estás queriendo establecer.

Un hombre me dijo que la razón por la cual no podía verse siendo rico era porque no era capaz de «engañarse» a sí mismo. Él sabía cuáles eran las circunstancias y sabía que no podía imaginarse como alguien rico. Él me explicó que hacerse el rico alrededor de sus amigos (que ya conocían sus circunstancias) le haría sentirse como una persona falsa. Este hombre tenía razón; si yo estuviera en las mismas circunstancias, yo también pensaría igual que él.

Yo no quiero decirte que tú debes fingir que eres rico. Tú eres rico o bien no lo eres. Si tienes una consciencia de riquezas, tú eres rico sin importar cuántas posesiones materiales puedas tener. Tú eres rico porque tienes posibilidades para obtener riquezas. Ahora que tú ya estás desarrollando una consciencia de éxito, no salgas a hablar de ella o fingir. A medida que vayas edificando tu fortuna, tus amigos y tus parientes pronto verán tu progreso. Ellos van a saber que tú eres rico.

Riquezas espirituales

Mencionar riquezas espirituales cerca del final de este capítulo quizás parezca como poner el carro delante de los caballos, porque de todas las riquezas, las riquezas espirituales son las más importantes.

«¿Porque qué aprovechará al hombre, sin ganare todo el mundo, y perdiere su alma?» (Mateo 16.26 RVA)

Hasta ahora, yo he hablado principalmente acerca de la riqueza material: un hogar mejor, un sueldo más grande, la seguridad financiera. No obstante, por más prosperidad material que puedas acumular, la verdad es que no tendrás felicidad hasta que no obtengas riquezas espirituales.

La clave para las riquezas espirituales la podemos hallar en una palabra de cuatro letras—AMOR. Cuando digo amor, yo me estoy refiriendo al amor en todo sentido.

Ama a tus seres queridos. No escondas tu amor; expresa tu amor por ellos. Recuerda esto: cuanto más amor des, más amor recibirás. No tengas miedo de declarar tu amor hacia tus amigos y familia más íntima. En los muchos años de matrimonio con Edel (mi querida esposa), yo creo que nunca ha pasado una noche en la cual ella no me ha dicho que me ama. Por supuesto que yo también le expreso el gran cariño que siento por ella.

Ama tu trabajo. Mientras más amor le pongas a tu trabajo, mejor será tu trabajo. El tiempo pasará más rápidamente y agradablemente; tu recompensa será mayor.

Ama a todos con los que tú entres en contacto: el cajero en el mercado, el conductor del autobús, el cartero, el peluquero. Es más, ama a toda la humanidad. Algunos dirán: «Yo no puedo amar a la gente mala.» Yo creo que hay más bien que mal hasta en las peores personas. Tú puedes amar lo bueno que reside en ellos. Muchas de las llamadas «malas personas» expresan su lado desagradable porque ellos piensan que todos creen que ellos son gente desagradable. Según su punto de vista, si los van a tratar mal, ellos también tratarán mal a los demás. Muestra un interés sincero en la gente que se comporta mal y ellos intentarán demostrarte que ellos no son tan malos. Esto nos muestra claramente la influencia que el amor puede tener sobre otras personas.

Ama a la naturaleza: las aves, los animales, los árboles, las flores. Puedes amar hasta a la lluvia, porque le brinda vida a toda la vegetación.

Esta quizás te parezca difícil de creer: ama a tus adversidades (los obstáculos, la mala suerte). Si las vemos en la luz correcta, ellas ofrecen experiencia y conocimiento—dos cosas que pueden ser muy valiosas.

Desarrolla una buena actitud. Cualquiera de nosotros puede explotar (enojarse, perder el control) cuando algo sale mal; las personas más «grandes» son las que saben controlarse bajo circunstancias adversas. Es más, aquellos que saben controlar su temperamento son los que también tienen más amistades y suelen tener más éxito porque a la gente les agrada pasar tiempo a su lado. Es un hecho conocido que tener una buena actitud te hará mucho más feliz.

El título de este capítulo es «Enriquécete ahora mismo.» Esto es cierto—si tú lo permites. Comienza a creer que tú eres rico, tanto con tus pensamiento como con tus acciones. No desees que esto sea cierto—sábelo.

Esta noche cuando te vayas a acostar, llena tu mente con pensamientos y acciones de riqueza. Puedes irte a dormir con este pensamiento:

Yo doy gracias por ser rico tanto en mi mente como en mis intereses. Mientras yo duermo, mi Mente Creativa buscará cómo guiar mis pensamientos y acciones, para que al despertar, yo pueda pensar los pensamientos y llevar a cabo las acciones que me permitirán obtener riquezas mentales y materiales.

Este capítulo puede ser considerado uno de los más importantes en este libro. No lo leas de manera apresurada. Si lo vuelves a leer una vez más antes de avanzar al siguiente capítulo, tú te beneficiarás aún más.

CAPÍTULO 19

AFLICCIONES PSICOSOMÁTICAS: ¿SON REALES?

CUANDO ESTE LIBRO FUE ESCRITO, la palabra psicosomática era tan nueva que sólo estaba incluida en las ediciones más recientes de los diccionarios populares. Haz una búsqueda en Google hoy y aparecerán varios resultados. Las aflicciones psicosomáticas son manifestaciones físicas de disturbios emocionales. Aunque una aflicción psicosomática es producto de un disturbio emocional, sigue siendo una aflicción física. La gente que sufre de esta enfermedad en realidad está sufriendo de una condición física, no una mental.

Estas aflicciones generadas por trastornos emocionales son reales? Sí lo son, y el dolor que ellas producen también es real. Alguna de las emociones que son responsables por las enfermedades psicosomáticas son el temor, el enojo, el disgusto, la amargura, la sorpresa y el anhelo.

El libro *How to Live 365 Days a Year* del Dr. John A. Schindler contiene una lista parcial de quejas que sugiere que las molestias más comunes suelen ser causadas por factores emocionales. Pero cualquier doctor puede decirte que la mayoría de los síntomas raros y poco frecuentes también son causados por trastornos emocionales.

QUEJA	PSICOSOMÁTICAS
Dolor en la nuca	75%
Nudo en la garganta	90%
Dolor similar al de una úlcera	50%
Dolor como de vesícula	50%
Gas	$99\,{}^{44}/_{100}\%$
Mareo	80%
Dolores de cabeza	80%
Estreñimiento	70%
Cansancio	90%

Como las enfermedades psicosomáticas por lo general son tan dolorosas, los pacientes no quedarán satisfechos al oír que el problema está todo en su mente. Ellos sin dudas esperarán recibir una receta para alguna medicina. Usualmente, el doctor le recetará un placebo, que como tú seguramente sabrás, es una pastilla sin ningún valor medicinal.

Cuando yo vivía en Nueva York, muchas veces era visitado por un amigo que vivía en Pennsylvania. Este hombre padecía de una condición psicosomática del corazón. Él siempre llevaba una pequeña caja con pastillas que su doctor le había recetado. Cuando mi amigo sentía un dolor cardíaco, él tomaba una de estas pastillas y al poco tiempo, el dolor desaparecía.

Durante una de sus visitas, él sufrió uno de estos ataques. Cuando él se enteró que había olvidado sus pastillas en su casa, él se desesperó. Llamó por teléfono a su casa y pidió que le enviarán urgentemente sus pastillas a través de un pedido especial. Ni bien recibió sus pastillas, él tomó una y su dolor desapareció.

Más tarde yo descubrí que las pastillas que él estaba tomando eran nada más y nada menos que un placebo. Mi amigo era un buen ejemplo de cómo la mente puede enfermarte y sanarte.

Un caso similar es el de una mujer que recibió una operación quirúrgica importante. De noche ella se quejaba de tanto dolor que su doctor le aplicaba inyecciones de morfina para ayudarla a dormir. Temiendo que ella tal vez se pudiera desarrollar una adicción, el doctor decidió no continuar con esas inyecciones potentes. Una noche, en vez de aplicarle a su paciente la misma morfina de siempre, él le aplicó una jeringa llena de agua estéril tibia. En sólo unos momentos, ella quedó dormida.

Un doctor de Nueva York estaba teniendo resultados fenomenales con sus pacientes. En lugar de escribir recetas para comprar medicinas en otro lugar, él mismo proveía el medicamento, usualmente en forma de una pastilla. En una ocasión, yo fui a su consultorio con una amiga que sufría de una enfermedad dolorosa. Él la examinó y luego entró a un cuarto pequeño para conseguir el remedio. Resulta que el doctor dejó la puerta abierta y yo pude ver exactamente lo que el hizo. Él sacó dos pequeñas botellas de una caja en un estante y las llenó con unas diminutas píldoras blancas. El doctor marcó la primera botella #1 y la segunda #2. Le entregó ambas botellas a mi amiga con instrucciones muy detalladas. Ella debía tomar dos pastillas de la botella #1 tres veces al día y una pastilla de la #2 dos veces al día. Aunque esas pastillas eran nada más que azúcar comprimida, ellas ayudaron a mi amiga porque ella creía que le iban a ayudar. Yo no quiero catalogar de impostor a este doctor. Como sus «tratamientos» estaban ayudando a muchísimas personas, yo siento que su engaño estuvo completamente justificado.

Cuando era joven, yo una vez sufrí de un fuerte resfrío que me obligó visitar a mi doctor. Él me dio una receta (escrita en latín) que yo llevé a la farmacia. La receta era para una pequeña caja de pastillas que debían ser tomadas a ciertas horas. Cuando fui a tomar la primera pastilla, pude ver que un nombre en el envase había sido borrado. Examinándolo más de cerca, vi que esa pastilla era nada más y nada menos que una marca popular de aspirina. Por supuesto, tuve que pagar $2 por esa receta. Si él me hubiera dicho que lo único que necesitaba tomar era aspirina, yo podría haber comprado una caja por 15¢. La próxima vez que vi al doctor, yo le pregunté por qué me había hecho gastar más dinero de lo que era necesario. Él me dijo: «Si yo le dijera a la gente que lo único que necesitaban era aspirina, ellos no estarían dispuestos a pagarme por la consulta.»

Por favor no me malinterpretes: yo no estoy quejándome de los doctores. Si estoy expresando alguna duda, la duda estará sobre el público general—la gente como tú y yo.

Un placebo para el mareo

Una mujer que no podía viajar en barco sin marearse hizo una consulta con su doctor y le pidió que le recetara algo. Él le dio un pequeño paquete de tabletas de azúcar. Aunque el mar estuvo bastante violento durante su viaje, ella no se mareo—es más, habló maravillas de su gran doctor con sus compañeros de viaje.

Qué ejemplo interesante del poder de la mente sobre lo material, ¿no? Tengo otro ejemplo que me viene a mente. Yo conocía a una pareja que nos visitaba con bastante frecuencia y nosotros siempre les ofrecíamos refrescos. La mujer nunca tocaba el café, diciendo que si ella tomaba una copa de café, ella no iba a poder dormir esa noche. Un atardecer yo decidí hacer un experimento. Yo le dije a esta mujer que podía beber todo el café que quisiera, porque estábamos sirviendo café descafeinado. Ella tomó una copa y luego pidió otra más.

La siguiente mañana, ella llamó a mi esposa por teléfono pidiéndole la marca del café. Dijo que era tan bueno poder tomar café de noche y no quedarse despierta. El café que ella había bebido de hecho era café regular, con la misma cantidad de cafeína de siempre.

La revista *Reader's Digest* publicó un artículo acerca de un experimento llevado a cabo con un paciente afectado por alergias al polen. Flores artificiales iguales a las que le generaban alergias fueron traídas a su habitación. El sujeto pensó que eran flores de verdad; él comenzó a estornudar y sus ojos empezaron a lagrimar—hasta que le dijeron la verdad.

¿La muerte alguna vez es psicosomática?

Yo estoy convencido que la muerte suele ser apurada de forma psicosomática. La mayoría de las personas han aceptado tanto la idea de que la vida dura más o menos setenta años, que cuando ellos se aproximan a esa edad, ellos ya empiezan a creer que están viviendo con tiempo prestado. Ellos piensan que cada dolor y molestia es causado por la edad. Sus mentes de hecho los hacen viejos. Yo creo que si sus mentes no se preocuparan por su edad, ellos vivirían más y tendrían mejor salud.

Después de cumplir setenta años, fue impresionante cuántas personas comentaban acerca de mi edad. «Cuando yo tenga setenta años ojalá pueda ser tan joven como tú» muchos me decían. Si yo hubiera sido susceptible a ese tipo de pensamientos, yo me hubiera sentido viejo. La verdad es que yo había borrado de mi mente tan completamente cualquier conciencia de la edad, que yo sólo podía considerarme una persona joven. En vez de sentirme viejo cuando llegan mis cumpleaños, yo me regocijaba por haber vivido tantos años y por sentirme tan joven.

Hay una historia sobre un experimento psicológico que fue llevado a cabo usando como sujeto a un obrero analfabeto. Él tenía unos sesenta años y su edad se veía bastante reflejada en su cuerpo. Él estaba envejeciendo porque él pensaba que un hombre de su edad—especialmente uno que había trabajado tan duro— tenía que ser viejo.

Por medio de algunos cálculos complicados, a este hombre lo engañaron y le hicieron creer que su fecha de nacimiento era errónea y que de hecho él era años más joven de lo pensado. En sólo unos días, el hombre empezó a lucir y actuar como una persona más joven. Él comenzó a trabajar días completos sin fatigarse. Más tarde él se enteró que lo habían engañado y volvió a ser el hombre viejo de antes.

La gente ciega que perdió su vista en su juventud suelen lucir más jóvenes que aquellos que aún tienen su visión. La razón de esto sirve para comprobar aún más el poder de la mente sobre lo material. Sus mentes preservan la imagen de la última vez que ellos pudieron ver su reflejo.

Yo regresé a mi ciudad natal tras haber pasado más de veinte años sin visitarla. Durante esos años, yo guardé imágenes mentales de la última vez que había visto a ciertas personas. ¡Cómo cambiaron! Me tardó un poco acostumbrarme a verlas como eran ahora, en vez de como habían sido antes.

Si fuera posible vivir unos años sin ver tu propio reflejo, tú no envejecerías tan rápidamente. Tal como esta, cada vez que tú te miras en el espejo, tú no estás buscando señas de juventud; tú estás examinando tu cara para encontrar más señas de envejecimiento.

Te contaré una historia más para terminar este capítulo sobre las enfermedades psicosomáticas y seguiremos con el capítulo que te mostrará cómo desarrollar una consciencia de salud.

La señora Maria Lewis, una viuda de unos setenta años de edad, había vivido en la costa pacífica por muchos años, pero su verdadero hogar estaba en el este de los EE.UU. La salud de Maria había estado fallando y sus seres queridos sentían que ella estaba a punto de morir. Sus parientes siempre le advertían que tuviese cuidado por causa de su edad. Ellos constantemente le hacían tomar todo tipo de medicamentos. Ella se sentía vieja y pensaba que faltaba poco para sus últimos días.

El hijo de la Sra. Lewis, que vivía en Nueva York, pasó por su ciudad durante un viaje de negocios y decidió hacer algo bueno para su madre anciana. Él pensó que sería una buena idea llevarla de regreso a Nueva York para que pudiera visitar a algunas de sus amigas. Los otros familiares creyeron que el hijo era cruel por llevar a su madre en un viaje tan largo; ellos pensaban que ella no iba a soportarlo. En la estación de tren, un grupo de gente con rostros tristes vino a despedir a esta madre e hijo, estando seguros que esta sería la última vez que la verían a ella con vida.

Cuando el tren partió de la estación, el hijo llevó su madre al salón principal y tuvo una charla sincera con ella. «Mamá, este viaje va a ser refrescante para ti. Vas a disfrutar de cada minuto y descansarás mucho. No vamos a hablar de enfermedades por que tú no te vas a enfermar.» A ella le habían aconsejado qué comer y qué no comer. En el tren, ella comió todo lo que le agradó —¡y cómo creció su apetito!

En unos pocos días, esta madre e hijo arribaron a Nueva York y ella estaba con buenos ánimos. Ella mantuvo a su hijo ocupado llevándola de un lado a otro. Nunca mostró señas de haber sufrido por causa del viaje. De hecho, parecía que ella iba mejorando cada vez más.

Todo lo bueno tiene su fin y al final, Maria Lewis regresó a su hogar. ¿Puedes adivinar qué ocurrió? Como antes, ella volvió a someterse a una atmósfera de gente haciéndola recordar su edad y su estado precario, y al poco tiempo, esta preciosa mujer comenzó a sufrir como lo hacía antes del viaje.

Creo que ya te dado suficiente evidencia para comprobar la realidad de las enfermedades psicosomáticas.

Aunque la mayor parte de este libro ha sido dedicada a mostrarte lo innecesario que es vivir con necesidades, yo sí siento que es importante incluir algo con respecto a la salud. La prosperidad sin salud nunca traerá felicidad. Una revista de salud publicó unas estadísticas demostrando que los ricos son menos saludables que los pobres. Yo creo que esto se debe a que la gente rica quiere vivir más años y siempre están consultando con doctores y yendo a centros de salud. Sus mentes están constantemente pensando en enfermedades en vez de salud.

La gente que gana menos dinero no puede darse el lujo de comprar todos esos tratamientos caros y por lo general, no los obtienen. Ellos concentran sus mentes en la fuerza física, porque tienen que seguir trabajando para ganarse la vida. Tú puedes ser rico—y tú vas a ser rico si aceptas las sugerencias en este libro. Pero a medida que tú fortuna vaya creciendo, deja que tu consciencia de salud también crezca a la par de ella.

CAPÍTULO 20

DESARROLLANDO UNA CONSCIENCIA DE SALUD

¿QUÉ SIGNIFICA SER SANO? Tal vez nunca te hayas hecho esta pregunta. Piénsalo por un momento. Quizás genere un pensamiento que te conducirá a un estado de felicidad que jamás has conocido. Cuándo sientes tú que estás sano? Cuando estás libre de todo dolor y molestias? Cuando puedes trabajar sin cansarte? Son muchas las preguntas que uno se puede hacer. Si tú estás libre de todo dolor y molestia y puedes trabajar sin cansarte, ¿es posible sentirse aún mejor?

La cumbre del bienestar es la plenitud mental y física. Es cuando tú puedes dedicarte de lleno a cualquier cosa, ya sea trabajo o diversión. Es cuando tú mente está libre de toda preocupación, porque tú aceptas los problemas del día como un desafió; no los aceptas con temor. Es cuando tu corazón está libre de odio, porque tus ojos sólo ven el bien en los demás. Y es cuando el día de hoy es mejor que ayer, y cuando esperas el día de mañana con una anticipación alegre.

Aquí te presento diez pasos sencillos (todo lo que necesitas para desarrollar una consciencia de salud) para disfrutar de una gran salud física y mental.

1.- Ten una motivación para mantenerte activo—en la cima del mundo. Tú puedes hacer casi cualquier cosa si realmente lo deseas. Esto es aplicable tanto a tu bienestar físico como a cualquier otra cosa. Quizás tú has estado haciendo cosas para mejorar tu salud pero las has hecho con indiferencia. Si tus acciones no son respaldadas por un deseo intenso de triunfar, entonces no esperes resultados espectaculares. Es maravilloso poder sentirse bien y tener esas ganas de salir a conquistar el mundo; pero antes de poder generar ese sentimiento, primero debes tener una buena razón, un factor de motivación que hará que cada célula en tu cuerpo rebose con energía.

Yo te voy a sugerir varios pensamientos con los que podrás empezar; pero para obtener una verdadera fuente de motivación, explora tu mente y averigua qué te gustaría lograr—o ser. ¿Quieres tener influencia en tu comunidad? ¿Te gustaría contar con una personalidad que mueve a la gente? La contundencia de tu personalidad no depende del tono o el volumen de tu voz. Es un reflejo de una mente despierta y un cuerpo saludable. ¿Te gustaría tener un gran círculo de amistades que te admiran? ¿Te gustaría que la gente valore tu opinión y consejo porque hay algo en ti que demuestra autoridad? ¿Te gustaría ser elegido a puestos importantes en tu club social por causa de tu magnetismo personal? Quizás tus deseos tienen que ver con los logros personales. Tal vez hayas dicho: «Me gustaría estudiar música (o algún tipo de arte)—si me sintiera mejor.» Quizás estás solo—quieres encontrar la pareja correcta pero sientes que no tienes ni la juventud ni la atracción física para despertar el interés del sexo opuesto.

Yo tal vez esté muy lejos de nombrar lo que a ti realmente te motiva. Pero sin importar cuáles sean tus deseos, tú debes desarrollar una motivación que te de una razón para querer salir adelante, tanto en términos físicos como mentales. Si haces esto tú estarás en una buena posición para sacar el mejor provecho de los siguientes pasos.

2.- Sé consciente de que puedes mejorar tu salud y vivir más. Las únicas personas que alguna vez han logrado algo son aquellas que supieron que podían hacerlo. Encarar cualquier tarea dudando de tus capacidades definitivamente es una sentencia de fracaso.

Una salud fuerte y vivaz no es algo que se adquiere a través de la suerte. Es un reflejo de la manera que uno piensa y vive. Los cuerpos que padecen de dolores y molestias no son un castigo otorgado por el destino. Tú cuerpo es así por tu forma de vivir y pensar. El error que la mayoría de la gente comete es pensar que el precio que uno paga para su bienestar es alto; que la recompensa no vale el esfuerzo. ¡Qué equivocados están! Algunos hasta dirían que debemos sacrificarnos para gozar de un cuerpo fuerte y saludable. ¿Es cierto? Tomemos como ejemplo algunos malos hábitos. Piensa en aquellos que fuman demasiado y cuyas manos tiemblan si pasan mucho tiempo sin un cigarrillo. ¿Sería un sacrificio si ellos practicaran un tanto de moderación? ¿Si fumaran sólo para disfrutarlo y no para dejar de sufrir? ¿Estarían sacrificándose si practicaran moderación? ¿Sería un sacrificio recomendar que tomaran un trago de vez en tanto en un contexto social en vez de beber excesivamente y dejar atrás todo tipo de modales y cultura?

A primera vista, puede ser difícil creer que un cuerpo enfermo implica más sacrificios que mantener un cuerpo saludable. Piénsalo y estarás de acuerdo. Toma en cuenta la variedad de cosas que tú podrías haber hecho y hubieras hecho si tuvieras la gana. Piensa en los lugares que podrías haber visitado si hubieras tenido el ánimo mental y físico para hacerlo. Y piensa en todas las horas que tú sentiste que no estabas del todo bien.

Tú buen juicio te dice que si emprendes un programa para mejorar tu salud, tú puedes completarlo. Tal vez sea necesario usar disciplina mental para desarrollar una consciencia de salud. Si te has estado viendo a ti mismo como alguien que no da la talla físicamente, tendrás que esforzarte para alcanzar un punto en cual tú podrás disfrutar de una salud excelente. La inercia crea emoción, así que guarda este pensamiento por unos días: yo puedo mejorar mi salud. No basta con solamente aceptar el pensamiento de que tú puedes mejorar tu salud. Tienes que dar los pasos necesarios que convertirán ese bienestar en una realidad. La realización de que la buena salud está a tu alcance debe convertirse en realizad por medio de acciones.

3.- *Pon tu mente en orden.* Como has aprendido en capítulo anterior, la palabra psicosomática suele estar relacionada a varios tipos de enfermedades. Los doctores creen que muchas enfermedades tienen su origen en la mente. Esto no significa que una persona que sufre de enfermedades psicosomáticas está loca; simplemente quiere decir que la mayoría de las condiciones psicosomáticas son producto del temor y la preocupación. Se cree que las úlceras estomacales tienen su origen en la mente; nosotros a eso lo llamamos estrés. ¿Pero qué es el estrés sino una preocupación causada por ciertas situaciones o un temor de que tú no podrás hacerles frente?

Yo defino la preocupación como el hecho de guardar imágenes mentales de cosas que tú no quieres, en vez de cosas que sí quieres. La preocupación está ligada a las dudas que tiene con respecto a tu habilidad para solucionar el problema que te preocupa. Al mirarlo desde este punto de vista, tú podrás tomar ánimo y comprobarle a ti mismo y a los demás que tú eres más grande que aquellas cosas que te preocupan; que tú vas a hacer lo que sea necesario para cambiarlo. Preocuparse no cambia nada; sólo previene la salud y sirve como obstáculo contra la alegría.

El dominio propio es la recompensa que le llega a todos aquellos que logran superar el miedo y la preocupación, enemigos que son fáciles de conquistar cuando uno acepta y actúa sobre esta verdad: «La preocupación no nos permite hacer lo que es necesario para contar con los medios que previenen la preocupación.»

4.- *¡Aprende las cosas que debes y no debes hacer!* Alguien una vez dijo: «El éxito viene al hacer las cosas que tú sabes que debes hacer y no las que sabes que no debes hacer.» Podemos decir que seguir este consejo producirá mejoras en la salud de cualquier persona. Primero, tú tienes que saber qué debes y no debes hacer. ¿Dónde puedes conseguir esta información vital? Ni bien tú recibes un pensamiento, tú te conviertes en un imán para todo tipo de información relacionada a ese tema. Tú buscas en el Internet; averiguas en libros y revistas que cubren ese tema. Tu mente y tus pensamientos se enfocan en ello. «Descubrir una falla es la mitad de la solución» es algo que yo aprendí cuando era niño. Si yo quisiera tener una salud excelente como mi meta, lo primero que tendría que saber es la condición de mi cuerpo. Yo dejaría que mi doctor me haga un examen completo para así aprender un gran número de cosas que debo o no debo hacer.

Los arquitectos visualizan las ideas a medida que les van llegando. Ellos desarrollan sus pensamientos con objetividad por medio de sus dibujo e instrumentos. Ya que tú eres el arquitecto de tu propio cuerpo y negocios, te vendría bien empezar a formular una lista de las cosas que debes o no debes hacer para alcanzar tu meta. Debes crear un plan de acción que incluya actividades relacionas a las cosas que debes hacer y disciplina para evitar lo que no debes hacer. Desde luego,tu programa de acción también tiene que incluir el cuidado de tu dieta. Déjame decir que mantener una dieta saludable no significa reemplazar las comidas que te gustan con otras que no disfrutas. Las vitaminas y los minerales son tan esenciales para una buena salud como la luz y el agua lo son para las plantas. Sufrir de una deficiencia en una de estas áreas significa vivir en un cuerpo disminuido físicamente; un cuerpo que fallará muchos años antes de lo debido.

Un número asombroso de personas sufren de mala nutrición, no por causa de inanición, sino porque las comidas que consumen carecen los elementos necesarios para la salud. Escoger una dieta que es reconocida por contener ciertas vitaminas y minerales no nos asegura que los estemos recibiendo. La tierra virgen y fértil guarda una abundancia de los minerales que son esenciales para la buena salud; pero estos minerales están siendo agotados (a través de la erosión o desgaste del suelo, la lluvia o la producción excesiva) tan rápidamente que ni la naturaleza ni los agricultores los pueden reemplazar. Las vitaminas no son comida. Ellas no se convierten en sangre, carne y hueso, y tampoco proveen energía como lo hacen los alimentos. Al contrario, ellas actúan como lazos importantes en los procesos químicos que el cuerpo usa para transformar alimentos en tejidos, remover desechos corporales y producir energía. Sin vitaminas, estos procesos vitales no podrían continuar. Seleccionar alimentos con cuidado siempre es una decisión inteligente. Si has decidido mejorar tu salud, no asumas que ya estás recibiendo todas las vitaminas y minerales que necesitas con la comida que estás consumiendo. Busca suplementos en algún lugar confiable e incorpóralos a tu dieta.

5.- *¡Desarrolla un entusiasmo para hacer y no hacer algo!* Es importante aceptar los hechos que recién te he presentado para poder alcanzar tu meta de una buena salud mental y física; sin embargo, no basta con simplemente aceptar esta información. Tú tienes que desarrollar un entusiasmo que te permite llevar a cabo y realizar los planes que te asegurarán una buena salud.

Hay una palabra común que ha sido responsable por muchos fracasos en la vida. Esa palabra es mañana. ¿Cuántas veces has aprendido algo que te podría ayudar y decides hacerlo—mañana? Y el día de mañana nunca llega. Si has estado leyendo con una mente seria, ¡ahora ya estarás palpando el entusiasmo! Estas recibiendo una visión de tu futuro: una felicidad apasionante con una mente brillante siendo respaldada por un cuerpo dinámico. Los problemas que antes te han preocupado ahora los verás como desafíos. A medida que vayas espiando y visualizando tú futuro, no permitas que la procrastinación te haga hacer creer que mañana es un punto de partida. Haz tu comienzo ni bien termines de leer este libro. No hace falta que tu comienzo sea uno físico, haciendo algo que puedas ver; puedes comenzar con una resolución, un compromiso. Ya que la salud mental y física excelente es parte de tu herencia, desde ahora en adelante, tú harás todo lo que puedas para convertirla en parte de tu realidad.

6.- *¡Hazte más joven a través de tus acciones!* Ya lo he dicho antes: la inercia crea emoción. Los padres que son amigos de sus hijos y participan en actividades de jóvenes permanecerán más jóvenes que los padres que siguen viviendo como los padres de antaño. No puedes actuar como joven sin sentirte joven; y cuando tú te sientes joven, tú haces que los procesos de la naturaleza funcionen para hacerte joven. El baile, la natación, el remo y caminar son algunas de las actividades que promueven el bienestar físico. No obstante, aquí te explicaré algo que es muy importante: no hagas algo sólo porque piensas que te hará bien. Dado que existe una relación definida entre el cuerpo y la mente, aprende a apreciar las cosas que haces. Si bailas, disfrútalo al máximo y así obtendrás beneficios psicológicos y fisiológicos. Esto también es cierto con respecto a toda clase de ejercicio: mientras más lo disfrutes, más bien te hará.

Tu vestimenta también tienen un papel importante en determinar cómo te sientes. Si usas ropa oscura, no te sientes tan alegre como si lo harías al vestir ropa colorida. Aunque es importante practicar buen gusto, no hay nada que te prevenga usar ropa que expresa tu alegría.

¿Qué es algo que disfrutabas hacer hace diez, veinte o hasta treinta años atrás? Renueva tu interés en eso. Quizá te empezarás a sentir cada vez más joven.

7.- *Empieza una dieta mental.* Volviendo al tema de las enfermedades psicosomáticas (condiciones físicas causadas por la mente), yo me atrevería a decir que una dieta mental es más importante que una física. Como has estado aprendiendo a lo largo de este libro, los pensamientos negativos producen reacciones negativa. Un filósofo de la antigüedad una vez dijo: «Busca amigos industriosos, porque los perezosos te quitarán energía.» Haz un repaso de las veces que has estado conversando con gente deprimida y amargada. ¿Recuerdas qué deprimido estuviste al despedirte de ellos? Piensa en los momentos que has pasado junto a gente optimista; recordarás que ellos te hicieron sentir inspirado, con ganas de hacer cosas grandes.

Ten disciplina para poder pensar en términos de salud y felicidad. Escoge materiales escritos que te animarán a alcanzar nuevas alturas. No te des el lujo de participar en conversaciones negativas. Cuando estés escribiendo cartas o correos electrónicos, usa palabras de ánimo en vez de escribir párrafos de tristeza.

El secreto de la felicidad no es hacer las cosas que te agradan, sino disfrutar las cosas que tienes que hacer. Aceptar este pensamiento será un paso positivo para tu dieta mental. En el paso #5, tú decidiste eliminar la palabra mañana de tu vocabulario en relaciona a la procrastinación. Esto también es aplicable a tu dieta mental. Ahora mismo la estás empezando.

8.- *Enséñale a otros cómo tener una excelente salud mental y física.* La felicidad viene al compartir felicidad con otros; enseñarle a otras personas cómo obtener una gran salud mental y física te hará feliz. Sin embargo, existe otra razón para esta sugerencia. Tú no puedes enseñarle nada a nadie sin primero servir como un ejemplo. Estaría mal decirle a otros que deben vivir con salud y energía si al mismo tiempo tú te pasas la vida haciendo todo lo contrario. Lo que tú quieres hacer es demostrar qué significa la vida para ti, para que así sea una inspiración y un ejemplo a seguir para los demás. Dado que la caridad comienza en el hogar, convence a tus familiares para que se unan a ti y obtengan una excelente salud física y mental. Empieza un movimiento entre tus colegas de trabajo, no sólo para su beneficio, sino también por lo bien que te hará a ti.

Prácticamente todo lo que uno hace en la vida está basado en los hábitos. Tú vives tu vida según los patrones que has creado. Algunos hábitos son buenos; otros no lo son. Al seguir el Paso #8, tú te estás entrenando a ti mismo, de forma subconsciente, a crear y vivir una vida que seguirá patrones y hábitos nuevos que te beneficiarán.

9.- *¡Vive correctamente!* Estas dos palabras están ligadas a muchas cosas, entre ellas tu comida, tus hábitos o tu estilo de vida. Lo que yo quiero decir es «deja que tu consciencia te guíe.» Hablando acerca de tus relacione con otras personas quizás no parezca muy relevante a la buena salud; sin embargo, los psicólogos saben que todo lo que representa un desafío para tu respeto propio se verá reflejado en tu condición física. La gente que no es confiable jamás disfruta de la buena salud que sí disfruta la gente confiable. La gente impuntual no está en la mejor condición física. ¿Por qué? Porque hay un factor psicológico que los está perturbando desde su interior. De manera subconsciente, ellos van perdiendo cierta cantidad de su respeto propio y esto por lo general terminar generando una enfermedad psicosomática.

Esto también tiene que ver con el carácter. Las personas que tienen un mal temperamento nunca tienen buena salud. Podríamos escribir muchas páginas sobre los efectos negativos del carácter sobre la felicidad y el éxito; para saber más acerca de su efecto sobre tu salud, pregúntale a tu doctor. Pídele a tu doctor que te explique cómo el enojo descarga un veneno en la sangre que retarda la digestión y genera muchas enfermedades. El enojo y la razón no se mezclan—como es evidente cuando la gente se enoja y dice y hace cosas de las que luego se arrepienten. Puedes ver que cuando le cedes terreno a la rabia, tú literalmente estás demorando tu progreso y haciéndole un daño incalculable a tu cuerpo.

10.- ¡Sé feliz! Un doctor prominente y exitoso una vez dijo que la gente alegre rara vez se enferma; cuando se enferman, ellos responden más rápido al tratamiento que otras personas. Seguramente estarás de acuerdo con este doctor si piensas por un momento. Tú ya sabes que cuando estás contento, tú te sientes mejor que cuando estás triste y deprimido. También sabes que cuando no te estás sintiendo bien y algo interesante ocurre, tú te siente mejor. Es por esto que las dos palabras sé feliz sirven como una buena conclusión para estos diez pasos hacia una excelente salud mental y física.

La felicidad nace en el interior. Tú ahora tienes—y siempre tendrás—toda la felicidad que existe. Ser feliz es simplemente el hecho de expresar felicidad y expresar felicidad es tomar un paso hacia adelante para así obtener una salud vibrante e inagotable.

Tú ahora conoces los pasos, pero esto es sólo el comienzo. De ahora en adelante, estos pasos formarán parte de tu rutina diaria. Piensa en ellos; úsalos y hazlos parte de tu vida. Una vida nueva y llena de gozo te espera.

CAPÍTULO 21

ACENTÚA LO POSITIVO

DADO QUE TODO ESTE LIBRO ha sido basado en las recompensas del pensamiento positivo, este capítulo te mostrará cómo controlar el flujo de poder personal para obtener ciertos resultados predeterminados.

Algunas personas suelen decir cosas como: «Mi memoria es mala»; «No me puedo relajar»; «Yo me canso rápidamente.» Yo voy a mencionar varias de estas condiciones y te sugeriré cómo puedes hacer para enviarle pensamientos positivos y así obtener resultados rápidos.

Una vez que toda tu forma de pensar sea positiva, de manera automática empezarás a guardar pensamientos positivos hacia cualquier condición que te pueda molestar. Pero como he explicado en un capítulo anterior, ejercicios mentales serán necesarios para cambiar tu patrón mental negativo por uno positivo. Hasta que no llegues a un punto en el cual se te hace natural acentuar lo positivo, sería bueno que tú hagas un esfuerzo consciente por dirigir pensamientos positivos hacia esa condición que tú quieres cambiar.

Te sugiero que leas las próximas páginas varias veces para que los atributos presentes en ellas te sean familiares. Alguno de los temas que trataremos aquí ya han sido cubierto en capítulos anteriores, pero por conveniencia los volveremos a mencionar aquí.

Dominio Propio - Hasta que tú no sepas dominarte a ti mismo, tú nunca podrás dominar a otras personas. Cuando yo hablo de dominar a otras personas, no estoy hablando de un dominio físico. Yo me estoy refiriendo a la clase de líder que consigue que la gente le siga porque ellos quieren, no porque han recibido órdenes. El dominio propio es una condición en la cual tu cuerpo en efecto es tu siervo, no tu amo. Él hace lo que tú ordenas y él no te dirige a ti. (Te vendría bien volver a leer el Capítulo 4: El hombre es una mente). Si piensas que tú eres controlado por ciertos hábitos que quisieras superar, en vez de pensar que ellos te han esclavizado, mantén pensamientos de dominio propio, sabiendo que tú tienes el poder para sobrepasar cualquier hábito desagradable. Si la pereza te ha estado obstaculizando, aprende a disfrutar las cosas que tienes que hacer en vez de solamente hacerlas por obligación.

Para desarrollar un dominio propio, mantente pensando cosas como esta: «Cada vez que un pensamiento negativo intente entrar a mi mente, yo inmediatamente me daré cuenta y lo destruiré con un pensamiento positivo. Mi confianza en mí mismo está aumentando de día a día a medida que yo obtengo más dominio sobre mi propio ser.»

Superando la timidez -Una buena fórmula para cambiar cualquier condición es concentrarte en la condición que tú quieres, no la que estás intentando superar. Pensar en declaraciones como «Yo no seré tímido» le otorga poder a la timidez que ya existe. Tú no quieres ser tímido, así que no pienses en eso. Instala pensamientos positivos en tu mente: «A mí me gusta la gente. Me gusta estar con otras personas. Me gusta hablar con otras personas.» No lo hagas sólo por un sentido de obligación. A medida que tú vayas afirmando que te gusta estar con gente y conversar con ellas, verás que tú irás disfrutando—no temiendo—la compañía de otras personas.

Una mujer que había recibido esta fórmula no se dio cuenta que su timidez había estado desapareciendo. Ella lo percibió un día después de asistir a una fiesta, cuando notó que había estado disfrutando conversar con otra gente. Acentuar lo positivo resultó ser una terapia efectiva para ella.

Obteniendo una personalidad magnética - ¿Qué es una personalidad magnética? ¿Por qué algunas personas son tan atractivas e interesantes y otras parecen tan aburridas? Una personalidad magnética es algo que no se ve, sino se siente. El magnetismo que tú proyectarás hacia los demás surge del corazón. Es algo compuesto por amor, amabilidad, generosidad y entendimiento. Una persona con buenos rasgos y un buen cuerpo puede tener una personalidad repugnante, mientras que una persona sin belleza física puede tener una personalidad muy atractiva. Por lo tanto, dado que el magnetismo personal es un elemento intangible y algo que es proyectado desde el interior de una persona, debemos caracterizarlo como algo mental. Esto significa que si es necesario o uno desea hacerlo, es posible cambiarlo por medio de la mente.

Por más interesante que parezca, cuando tú piensas: «Yo tengo una personalidad magnética» tú literalmente estás siendo guiado a hacer las cosas que te darán una personalidad magnética. Tú te conviertes en una persona amigable, generosa y comprensiva. Tú empiezas a hacer de manera natural todas las cosas que atraerán otras personas a ti.

A la par de tu deseo de querer a la gente, también debes cultivar el hábito de considerar su comodidad y su felicidad por encima de la tuya. Sé consciente de que gracias a tu interés sincero en otras personas, el magnetismo de tu personalidad está aumentando cada vez más.

Concentración mental - Muchas veces a las personas despistadas las tildan de haber sufrido algún defecto mental leve. Esto no es verdad (excepto en algunos casos raros). La inhabilidad para poder concentrarse se debe a los malos hábitos mentales. Ellos primero piensan una cosa; luego otro pensamiento entra a su consciencia y recibe prioridad, causando que el primer pensamiento quede olvidado. Después viene otro pensamiento, asume la prioridad y el segundo es olvidado. La concentración mental es la habilidad que uno tiene para enfocarse en un pensamiento hasta acabar con él—y luego avanzar al siguiente pensamiento.

El valor de la concentración mental es tan grande, que verdaderamente puede ser considerado un arte; sin embargo, es tan fácil de adquirir. Muchos dirán: «Yo no soy capaz de concentrarme.» Todo aquel que sepa algo acerca de la mente sabrá que declarar eso es lo mismo que ordenarle a la Mente Creativa que haga eso una realidad. A menos que quieras ser una persona despistada, nunca digas que no puedes concentrarte.

Para desarrollar tu poder de concentración, utiliza pensamientos como este: Yo he sido bendecido con un gran poder de concentración. Yo puedo enfocar todos mis pensamientos sobre una sola idea hasta que yo decida eliminarla de mi mente.

Construyendo una buena memoria - Cuando tú usas expresiones como «lo he olvidado» o «no puedo acordarme» tú estás haciendo que tu Mente trabaje contra ti. Ya sabes que la Mente Creativa acepta ese tipo de pensamientos como ordenes y actúa sobre ellos. En este caso, ella trabajaría para darte una mala memoria. Se encargaría de asegurarse que tú te olvides de cosas o no las puedas recordar.

La Mente Creativa es tu almacén de memorias. Ella ha guardado todo lo que tú has oído, visto o leído, desde el día que naciste hasta el presente. Olvidarte de algo significa que tú no tienes la habilidad para identificar en tu consciencia algo que ya tienes en tu Mente Creativa.

Una buena memoria es simplemente un reconocimiento de una buena memoria. Aquellas personas que tienen buena memoria no están siempre pensando: «Yo tengo una mala memoria.» ¡Claro que no! Si quieres tener una buena memoria, jamás uses las palabras olvido o no puedo recordar. En su lugar, sólo sé consciente de que la información que estás buscando te llegará. Si quieres traer un dato a tu consciencia y no te llega fácilmente, di algo como: «En un momento me va a llegar» y así será.

El arte de conversación - Adquirir el arte de conversación es más fácil de lo que tu crees. La gente que sabe conversar bien son aquellos que eligen el tema según los gustos de los le que le van a escuchar. Ellos evitarán cualquier cosa controvertida porque saben que si sus oyentes no están de acuerdo con ellos, no van a ser populares. Arthur Brisbane, uno de los escritores editoriales más importantes del siglo veinte, dijo: «Para ganar el favor del público, diles algo que ya saben—y ellos estarán de acuerdo contigo.»

¿Me creerías si yo te digo que la manera más rápida de convertirte en un buen conversador es ser consciente de que ya eres uno? Decir cosas como: «Ojalá yo pudiera ser un buen conversador» representa una admisión de que tú no lo eres y tampoco esperas serlo. En su lugar, acentúa lo positivo y usa como fundación el siguiente pensamiento: «Yo soy un buen conversador.» No lo digas sólo una o dos veces; dilo muchas, muchas veces. ¡Y practica! Cuando estés con otras personas, fíjate cuánto puedes sumar tú a la conversación. No acapares toda la conversación, pero prepárate para compartir tus opiniones cuando se presente la ocasión.

Sueño sosegado - Uno de los primeros capítulos de este libro está dedicado al tema del sueño. Sería bueno que lo vuelvas a repasar. Recuerda esto: cuando tú te acuestas con dudas en tu mente de si podrás dormir o no, es probable que no puedas hacerlo. Cuando te acuestas pensando que es realmente maravilloso poder relajarte tanto y estirarte en tu cama, es probable que el sueño no tardará en llegar.

El arte de la relajación - «Oh, yo simplemente no puedo relajarme» es algo que yo suelo escuchar de tanto en tanto. Cuando alguien lo dice, yo usualmente respondo diciendo: «Seguro que tienes razón.» El pensamiento no puedo actúa como una instrucción para la Mente Creativa, haciendo que esa persona permanezca ansiosa. Cuando estás nervioso, tú estás gastando energía. Cuando estás relajado, tú estás guardando energía. Desarrolla una consciencia de relajación. Sé consciente de que tú puedes relajarte. Cuando no estás completamente relajado, tú pierdes consciencia de tu cuerpo. No estás consciente de tus piernas, brazos o cuerpo. Eres como una mente a la deriva. Practica el arte de relajarte. Diez minutos de descanso te harán muy bien. (Los periodos breves de descanso son más efectivos que periodos largos, especialmente cuando el cuerpo está nervioso).

¿Alguna vez has notado que el gato es un maestro de la relajación? A un gato uno lo suele ver adormilado, bostezando unas cuantas veces y luego acostándose a dormir. En sólo unos minutos, él luego abre sus ojos y se despierta refrescado.

Recuerda que debes acentuar lo positivo con respecto a la relajación. Sigue dándole instrucciones frecuentes a tu mente hasta que llegues a dominar el arte de la relajación: Yo soy el amo de mi propio ser y puedo relajarme completamente. Mi mente está enfocándose en pensamientos tranquilos y armoniosos.

Poseer elegancia - De la misma manera que a ti te gusta estar con gente elegante, a los demás también les agradará estar a tu lado cuando tú demuestres ser elegante. Según el diccionario, una definición de la elegancia nos habla de algo que es «dotado de gracia, nobleza y sencillez.» Esta parece ser una definición muy apta en relación a los seres humanos. Las personas que se mantienen templadas en todo tipo de situación son consideradas personas elegantes. Thomas Jefferson dijo: «Nada le otorga tanta ventaja a una persona por encima de otra como el hecho de siempre permanecer tranquilo y sereno bajo toda circunstancia.»

La gente elegante tiene muchas características deseables:

- Tendencias controladas
- Capacidad para razonar lógicamente
- Buen juicio
- Sinceridad hacia sí mismos y hacia los demás
- Capacidad para ignorar o aprovechar malas críticas
- Un orgullo libre de vanidad
- Voluntad para resistir tentaciones
- Fe en su habilidad para cumplir
- Amplia ambición para mejorar constantemente
- Libertad de la timidez

Recuerda que debes acentuar lo positivo. Mantén una imagen constante de ti mismo como una persona que ya posee todos los atributos elegantes que tú admiras en otros.

Venciendo el cansancio - Yo aquí estoy hablando del cansancio psicosomático. Si a ti te falta energía, hazte ver por un doctor. Muchas personas se cansan porque esperan cansarse. Ellos se despiertan por la mañana en un día ocupado y permiten que un sentimiento de fatiga empiece a actuar casi de inmediato. ¿Por qué? Porque ellos creen que cuando llegue la noche, ellos ya estarán exhaustos. Y suelen tener razón. Al atardecer, ellos están cansados. En estos casos, suele ser la Mente—más que el trabajo— lo que los ha hecho cansar.

Existen dos tipos de cansancio: el natural y el psicosomático. Según un diccionario, el cansancio natural es un «agotamiento generado por esfuerzos mentales o físicos.» Se nos hace fácil aceptar que este agotamiento es causado por esfuerzos físicos, pero según Bruce Bliven, el cansancio mental no existe: «La gente común suele hablar del "cansancio mental" o "fatiga mental", penando que el esfuerzo mental prolongado y concentrado genera cansancio en el cerebro. Sin embargo, los científicos creen que esto no existe. Tu cerebro no es como tus músculos. Sus operaciones no son musculares, sino que son de una naturaleza electro-química, comparables a las de una batería. Cuando tu cerebro parece estar cansado tras largas horas de trabajo mental, ese agotamiento seguramente está ubicado en otras partes de tu cuerpo, tus ojos o los músculos de tu cuello y espalda. El cerebro en sí puede seguir funcionando casi indefinidamente.»

Acentúa lo positivo

Hay varias cosas que tu puedes hacer para evitar el cansancio psicosomático (el agotamiento generado en tu mente por que tú esperas cansarte).

- Aprende a disfrutar las cosas que debes hacer.
- Empieza el día haciendo las cosas más difíciles primero.
- Mantén tu mente concentrada en la facilidad con la cual tú puedes trabajar.
- Relájate siempre que puedas.
- Llena tu mente con pensamientos alegres.

Este capítulo es un capitulo valioso. Marca la primera página para poder encontrarlo fácilmente en el futuro. Te ayudará a obtener muchas bendiciones en tu vida a través de constantemente acentuar lo positivo.

¿Alguna vez has notado el signo más (+) y el signo menos (-) en la batería de tu auto? El signo más indica el lado positivo, mientras que el signo menos indica el lado negativo. Hasta que no tengas una mentalidad que es naturalmente positiva, toma un pedazo de jabón y haz un pequeño signo más en el espejo de tu baño. Cada vez que lo veas, tú te acordarás de evaluar tus pensamientos para asegurarte que estás acentuando lo positivo.

CAPÍTULO 22

AYÚDATE—AYUDANDO A OTROS

TÚ NO PUEDES ENSEÑARLE algo sobre un sujeto a otra persona sin primero conocerlo bien tú mismo. Cuanto más tiempo pases enseñando ese sujeto, más proficiente serás.

Yo he dado discursos sobre temas relacionados al automejoramiento en la mayoría de las ciudades principales en los EE.UU y Canadá. Después de un discurso, yo suelo esperar que mi audiencia haya aprendido tanto de mi charla como yo lo he hecho al darla.

Explicarle principios a otras personas ayuda a establecerlos más firmemente en tu propia mente. Tú quizás leas acerca de cierta teoría y te impresiones con ella, pero si no la utilizas, pronto será olvidada. Hablando acerca de ella la fijará en tu consciencia, para que así siempre esté lista para ser usada.

Usando lo que ya has aprendido en este libro te mantendrá lejos de la pobreza. Te mantendrá abastecido con una abundancia de bienes materiales. Pero este conocimiento no te beneficiará si no lo usas.

Provéete de todo lo que has estado deseando: un buen hogar, suficiente dinero. Luego, en vez de permitir que otros te envidien por lo que tienes, muéstrales cómo ellos pueden adquirir lo que están deseando.

Algunos lectores de este libro sentirán tanto entusiasmo que ellos intentarán imponerle estas enseñanzas a sus amigos y familiares. Esto no le hará bien a nadie y los hará impopulares. Muchas personas tienen mentes tan negativas, que ellos no creerán que con el simple hecho de leer un libro, sus circunstancias podrán ser cambiadas. Ellos declararán que la riqueza de otras personas fue obtenida sólo gracias a la suerte. Si tú quieres, cuéntales de este libro y diles que les prestarás el libro si están interesados—pero no le digas más. Si están interesados (no envidiosos) de tu progreso, ellos te pedirán leer el libro—o aún mejor, podrán comprarse su propia copia.

Frank Barry era un hombre común. Él tenía un trabajo que le permitía suplirle comida, hogar y ropa a su esposa e hijo. Luego, él leyó uno de mis libros y creyó en sus principios. Al poco tiempo él comenzó a ganar mucho más dinero que antes y pudo mudarse a un apartamento mejor.

Un amigo le preguntó qué le había permitido cambiar sus circunstancias tan dramáticamente. Frank quería a este hombre, así que él se tomó el tiempo para darle un curso sobre el pensamiento positivo. Él le explicó a su amigo cómo cambiar sus circunstancias al usar las imágenes mentales correctas.

El efecto de su enseñanza no se hizo notar de inmediato en la vida de su amigo, pero sí se observó en Frank Barry. Sus pensamientos volvieron a repasar las circunstancias de su vida antes de que él obtuviera su conocimiento; él pensó en lo que había ocurrido desde que él aplicó el poder del pensamiento correcto. «Si el pensamiento positivo ya ha hecho lo que hizo por mí, ¿por qué no va a ser capaz de seguir mejorando mi vida? ¿Por qué no voy a poder mudar mi familia al hogar de nuestros sueños, con todo lo necesario para llenarlo?»

No había una respuesta negativa para esta pregunta. Frank Barry continuó ascendiendo hasta convertirse en vicepresidente de la compañía en la que trabajaba. Él vivió en un hogar moderno—con mucama y jardinero incluido—y él elevó aún más sus aspiraciones. Aquí tenemos un ejemplo específico de un hombre que se ayudó a través de ayudar a otra persona.

O tomemos como ejemplo el caso de dos hermanos, ambos casados y viviendo cerca el uno del otro. Sus circunstancias eran casi iguales y ambos compartían un punto de vista negativo de la vida. Un hermano se enteró del pensamiento positivo y cómo podía afectar su vida. Él empezó a practicar ese modo de pensar y pronto mejoró su estado financiero.

«¡Qué tontería!» dijo el otro hermano con mucho disgusto. «Tú simplemente tuviste algo de buena suerte.»

El hermano afortunado le respondió: «Yo tengo la solución para todos tus problemas. Si alguna vez la quieres oír, pasa por mi casa y yo te la daré.»

Pasaron varios meses hasta que el hermano negativo aprovechó la oferta de su hermano más exitoso. Viendo que él seguía mejorando su vida, él se dio cuenta que había otro factor más que la suerte involucrado en esto. Tenía que haber otra razón más sustancial. Con mucha humildad y a regañadientes, el hermano negativo se acercó a su hermano. «Me has ganado. ¿Cuál es la solución?» él le preguntó.

Por más de dos horas, él recibió un lección sobre la diferencia entre el pensamiento negativo y positivo y cómo podía cambiar su vida.

Unas semanas después de esta conversación que le hizo pensar, el hermano positivo recibió una oportunidad que no pudo rechazar. Él recibió un trabajo que requería la ayuda de varias buenas personas.

En su nueva posición, él pensó en su hermano y le ofreció un puesto como su asistente. Ambos hermanos ahora estaba ascendiendo en sus vidas. Ninguno de ellos desperdició tiempo prestando atención a cualquiera que decía que el pensamiento positivo era una tontería.

No le impongas tu manera de pensar a los que no están listos para recibirla. Estarás perdiendo tu tiempo y despertarás el enojo de quienes tú quieres enseñar.

Durante uno de mis frecuentes viajes de discursos, yo conocí a un hombre que me invitó a cenar. Yo luego aprendí que este hombre era un seguidor de las modas gastronómicas. Él no me dejó ordenar lo que yo quería. Este hombre le explicó al mozo exactamente qué debería servirnos. Fue una experiencia muy vergonzosa, porque cuando yo no comí alguno de los platillos que nos trajo, este hombre intentó todo lo que pudo para hacerme probar esa comida. Estoy seguro que él sabía mucho acerca de la nutrición y era sincero en su deseo por ayudarme; sin embargo, él estaba imponiendo su conocimiento sobre alguien que no estaba preparado para recibirlo.

Mi deseo es poder ayudar a otras personas a obtener la misma felicidad y el mismo éxito en la vida que yo estoy disfrutando. La gente no te puede obligar a leerlo. Si pudieran hacerlo, dudo que te sería de ayuda. Tú mente no se concentraría en el tema, sino en aquellos que están intentando controlarte. Sin embargo, si tú lees este libro porque quieres hacerlo y porque has aprendido que en él está la clave para alcanzar el éxito a través del pensamiento positivo, entonces una revelación apasionante te está esperando.

Ralph Waldo Emerson dijo: «Nuestro deseo principal en la vida es alguien que nos haga hacer lo que somos capaces de hacer.» Yo no estoy seguro si estoy de acuerdo con él. Cada uno de nosotros puede hacer las cosas que nos traerán éxito y alegría en la vida—si estamos dispuestos a aprender cuáles son esas cosas. Pero yo creo que nosotros necesitamos ser guiados para ayudarnos a usar los poderes que ya tenemos. Así que Emerson tendría más razón si hubiera dicho necesidad en vez de deseo: «Nuestra necesidad principal en la vida es alguien que nos haga hacer lo que somos capaces de hacer.»

En otras partes de este libro, yo hice referencia a lo necesario que es tener un incentivo, lo cual es un sinónimo de la palabra motivo. Una de las mejores maneras para ayudar a una persona es darle a él o ella un motivo que le despertará ganas de mejorarse.

Una persona conocida pasó a visitar mi taller de carpintería, que a propósito, contaba con varias herramientas eléctricas. «Vaya, este es el sueño de cualquier carpintero» dijo él mientras sus ojos iban repasando las herramientas.

«¿Por qué no te armas tu propio taller?» yo le pregunté.

«Mira, a mí me encantaría, pero tengo que usar cada centavo que tengo para mantener mi hogar a flote» él me respondió tristemente.

«Por favor, no te avergüences con la pregunta que te voy a hacer, ¿pero cuánto dinero gastas cada semana comprando licor?»

«Oh, no más de $25» admitió él, sus ojos esquivando mi mirada.

«Si gastaras la mitad, estarías ahorrando suficiente dinero como para armarte un taller similar al mío» yo le dije con una actitud aconsejadora.

Se produjo un cambio en la expresión de mí visita. Él se acercó a la repisa donde yo guardaba mis libros de carpintería y con mucho entusiasmo revisó los planos de diseños. Sus ojos se enfocaron sobre unos planos para muebles de patio y al estudiarlos, él supo que era capaz de armar esa mesa y esas sillas.

«Voy a hacerlo» dijo él con un entusiasmo notable. La determinación de este hombre cambio inesperadamente. A medida que él empezó a acumular herramientas en su nuevo taller, su nuevo pasatiempo le cautivó de tal manera que él dejó de beber—él tomó todo su presupuesto de alcohol y lo asignó a su nuevo interés. Este es un caso en el cual un hombre fue ayudado al recibir algo que le motivó.

En mi historial de casos, yo puedo recordar otra instancia en la cual obtener una motivación fue de mucha ayuda. John Jeffries era un típico trabajador lento. Él sentía que estaba destinado a pasar el resto de su vida cumpliendo horarios. La idea de establecer su propio negocio jamás se le había ocurrido—él estaba muy seguro de que no estaba preparado para ser un empresario.

John frecuentemente hacia trabajos pequeños para mí en mi propiedad. Cuando podía, yo hablaba con él, esperando poder darle una motivación para mejorarse a sí mismo. No prestó atención a mis sugerencias porque no había alcanzado un punto que le permitiera verse a sí mismo como algo diferente a lo que él ya era.

Un día, Jeffries estaba criticando el desempeño de cierta empresa. «Te apuesto que tú hubieras sido un buen empresario. Tienes ideas tan prácticas» yo le dije sin querer revelar que lo estaba halagando. Él no me respondió, pero a través de su expresión pude ver que el pensamiento estaba echando raíz en él. Tuve otras oportunidades para comentar acerca de su aptitud para los negocios. Lo hice de manera sutil, para que él no sospechara que yo estaba llevando a cabo un experimento psicológico con él.

Después de un tiempo, él vino y con mucho entusiasmo me preguntó qué tendría que estudiar para poder abrir su propio negocio. Yo le presenté un plan lógico y sencillo que debía seguir. Él se fue con alegría en sus ojos y con una expresión de determinación que desafiaba el fracaso.

John Jeffries empezó un negocio prácticamente sin capital—porque él no lo tenía. Su empresa se convirtió en un éxito y creció rápidamente. La motivación que él recibió le permitió obtener felicidad y éxito a través del desarrollo de su talento latente.

Desarrollando tus poderes mientras duermes

A lo largo de este libro, tú has aprendido muchas cosas acerca de tu Mente Creativa y cómo utilizarla mientras duermes. En este capítulo, tú has aprendido cómo ayudarte a ti mismo al ayudar a otras personas, algo que también puedes hacer mientras duermes. Esta noche, antes de irte a dormir, repite esta afirmación:

«Yo estoy creciendo en influencia y prosperidad para así poder ayudar a la humanidad, y yo utilizaré mis recursos constantemente para ser generoso.»

Decir esto esta noche te asegurará un día mejor mañana. Crecerás enormemente durante la noche a medida que tu Mente Creativa forma una imagen de ti como una gran persona.

A las personas que tienen tenencias egoístas en la vida tal vez les resulte difícil entender por qué deberían pensar en términos de dar y no de recibir. Mi teoría es que cada instancia de recibir es precedida por el acto de dar. Si no estás recibiendo suficiente en tu vida, es porque no estarás dando suficiente.

Hay una cosa que es cierta: la persona generosa obtiene más felicidad en la vida que la persona egoísta. Pero además del beneficio espiritual, el que da más también recibe más.

Aplicando este principio al área de los negocios, yo usaré el ejemplo del presidente de una gran cadena de tiendas. Un vendedor le mostró un artículo de venta y le dijo que el precio de mayorista era seis centavos; si él lo vendía a diez centavos, él haría una buena ganancia. «Vuelve a tu fábrica y averigua cómo podrías mejorarlo si costara siete centavos y medio», le respondió el comprador. Su compañía grande estaba más interesada en la calidad que en el precio. Él estaba dispuesto a ganar un centavo y medio menos de ganancia si eso significaba poder aumentar la calidad del producto. Con un principio así, no sorprende que esta cadena creció tanto.

Ya estás aproximándote a la parte final de este libro y siento que tú ahora lo estás apreciando, porque has recibido la clave para una vida más abundante.

Lee los últimos dos capítulos y luego date unos cuantos días para digerir mentalmente todo lo que has aprendido.

Todo lo que has aprendido hasta ahora no se compara con lo que vas a aprender la próxima vez que leas este libro. ¿Por qué? Porque antes de leer, tú habías recibido la promesa de muchos resultados maravillosos, algo que tú seguramente aceptaste con escepticismo. Ahora tú ya sabes cómo aprovechar tu poder interno; por lo tanto, la próxima vez que tú leas este libro, lo harás con la convicción de que aceptarás y aplicarás cada principio.

CAPÍTULO 23

MEDIOS AUDIOVISUALES PARA AYUDARTE

A ALGUNAS PERSONAS LES RESULTA difícil extraer algo bueno de los libros de autoayuda porque ellos asumen una actitud de desear, en vez de saber.

Esta actitud es algo comprensible. Tal vez tú vives en circunstancias muy humildes y quizás sueñas con tener un hogar mejor (con buenos muebles), un auto nuevo, o dinero en el banco. Para seguir las enseñanzas de muchos libros de autoayuda, ellos te piden que tú te imagines ya disfrutando de las cosas que estás anhelando en vez de reconocer las circunstancias existentes. Eso genera un conflicto. La realidad de tu situación pesa tanto sobre tu mente que eso suele neutralizar la imagen mental que tú estás queriendo establecer.

A lo largo de este libro, yo te he dicho que debes irte a dormir con pensamientos relacionados a tus objetivos, no pensando en cosas que quieres cambiar. Cuando tú haces esto, las cosas cambian. Tú estás haciendo que las fuerzas de la naturaleza trabajen a tu favor.

Cuando la gente no consigue lo que quiere, es porque sus pensamientos están basados en deseos, no en fe. Por ejemplo, si están buscando una promoción en el trabajo, ellos pensarán acerca de la promoción que desean; pero sus pensamientos seguirán siendo más deseos que una firme convicción de que el desenlace deseado se llevará a cabo.

Para prevenir este elemento de fracaso, varias compañías han promocionado cursos que contienen mensajes grabados que puedes escuchar mientras duermes.

Cuando este libro fue escrito, se usaba un fonógrafo conectado a un cronómetro. Un parlante del tamaño de un cisne de maquillaje se ubicaba debajo de la almohada. El volumen se mantenía a un nivel tan bajo que era casi imperceptible mientras la persona estaba despierta. Hoy en día existen una variedad de alternativas, como discos CD, archivos de MP3, sitios web y hasta aplicaciones para teléfonos móviles.

Los que trabajan en este campo sugieren que uno ajuste el cronómetro para tres periodos durante la noche: treinta minutos al acostarse, quince minutos durante el sueño normal, y quince minutos antes de despertar.

Esta técnica funciona porque la Mente Creativa (la Mente Subconsciente) jamás duerme y es susceptible a sugerencias mientras la Mente Consciente está inactiva o durmiendo.

Hay una similitud entre este método de aprendizaje nocturno y la hipnosis. Con el hipnotismo, la Mente Consciente entra en un estado de aplazamiento (o suspensión temporal) a través de un sueño inducido; con el aprendizaje nocturno, la sugerencias son recibidas durante el sueño natural.

Muchos psicólogos cuestionan si la Mente Subconsciente puede aceptar sugerencias durante el sueño profundo como lo hace durante el sueño hipnótico. Es dudoso que muchas personas alcancen un estado de sueño profundo. Como precaución y para asegurar que las sugerencias sean recibidas en el momento correcto, recomiendo usar el horario citado aquí. Este le da a los usuarios el mensaje cuando se acuestan, mientras duermen y cuando están a punto de despertar.

Qué sabemos sobre la eficacia de el aprendizaje nocturno? Funciona? Hay una multitud de testimonios que podríamos citar, de todo tipo de personas que han notado beneficios, desde haber encontrado alegría hasta haber acumulado fortunas.

Como ya fue mencionado antes, el noventa y cinco por ciento de todos los problemas humanos surgen de una mente negativa. Esto incluye atributos como el temor, la discordia doméstica, el fracaso comercial, la mala memoria, el estrés, la tristeza y la preocupación.

Al reeducar la Mente Creativa para que esta piense de manera positiva en vez de negativa, la mayoría de estos atributos psicológicos negativos desaparecerán.

Si alguna vez se inventara algún reproductor electrónico que enfocara toda la atención de una persona en pensamientos positivos, eso tendría un valor enorme. Ayudaría a eliminar todos estos atributos negativos—y muchos otros.

Pero para hacer que el sistema sea más efectivo, hay mensajes especiales para docenas de atributos personales.

Un curso de aprendizaje nocturno comienza con una grabación que genera un apetito por el desarrollo personal. La mayoría de las personas, después de graduarse del colegio y la universidad, descubren que su educación no está completa; es sólo el principio. Tras haber empezado a encarar la vida como adultos, ellos descubren que para ser un éxito, necesitan más estudios.

Muchos tomarán cursos vía el Internet, irán a buscar libros en la biblioteca, o se subscribirán a ciertas revistas. Pero la mayor parte de estos estudios se llevan a cabo por que sienten que deberían estudiar. Bajo estas circunstancias, yo dudo que estas personas se beneficiarán mucho con su trabajo. ¿Y si ellos tienen ganas de estudiar? Eso ya es algo diferente. Así ellos disfrutarán su estudios y recordarán todo lo que leen. Cada dato nuevo que aprendan los entusiasmará.

Una maestra de escuela, tras haber usado esta grabación por una semana, me informó que ella sentía que un velo había sido quitado de su consciencia. Leer y estudiar se convirtieron en algo divertido. Todo lo que ella leía le quedaba bien claro; no había pensamientos irrelevantes que interfirieran con su concentración.

La timidez también está siendo tratada con aprendizaje nocturno. En la mayor parte de los casos, la timidez es una clase de vergüenza. Los pensamientos de la gente tímida están enfocados en sí mismos; ellos tienen miedo de no caerle bien a los demás. El objetivo de los mensajes de condicionamiento nocturnos es formar el pensamiento de que a ellos les gusta estar con gente, hablar con ellos y ayudarlos.

Un caso que vino a mi atención fue el de una chica que era tan tímida que ella se sentía extremadamente incómoda en un grupo de personas. Ella comenzó un curso de aprendizaje nocturno que incluía muchos mensajes de condicionamiento para superar la timidez. Un tiempo más tarde, ella fue invitada a una fiesta. Cuando volvió a su casa, ella se dio cuenta que por primera vez, ella se había divertido y había participado en todas las conversaciones. Su timidez había desaparecido.

Es demasiado bueno para ser verdad, quizás estés pensando. Es difícil creer que uno puede cambiar su situación con tan sólo cambiar sus pensamientos. Es cierto, tú quieres éxito y es probable que intentes formar una actitud de éxito; pero detrás de todo estás dudando si podrás obtener eso que tanto anhelas—la prosperidad.

Una grabación de un mensaje condicionante, que plantará en tu Mente Creativa el pensamiento de que tú eres un éxito, puede eliminar las dudas. Tú reconocerás que tú eres un éxito y que sin importar tus presentes circunstancias, tú sabrás que serás guiado en pensamientos y acciones para hacer las cosas que te traerán éxito.

Había un vendedor de seguros que ganaba lo mínimo para subsistir. Él escuchó unos mensajes nocturnos por más de una semana y terminó triplicando sus ventas. ¿Por qué mejoró tanto este vendedor en su trabajo? Explicar este ascenso meteórico de sus ventas es bastante sencillo. Los vendedores comunes encaran a sus posibles clientes con una actitud dubitativa en cuanto a sus ventas. Un sentimiento así no puede disimularse. Toda su presentación carece de impacto; en vez captar la atención del comprador para cerrar una venta, el cliente se despedirá de ellos ni bien se presente la oportunidad. Pero aquellos vendedores que están entusiasmados con una consciencia de éxito (como nuestro vendedor de seguros) saludarán al cliente con una actitud tan amable y confiada que el cliente disfrutará hablar con ellos. Si el producto o el servicio es algo que el cliente podrá usar, él firmará sobre la línea de puntos.

Un tiempo antes de escribir este libro, yo me interesé en un producto nuevo que recién había salido al mercado. Yo hablé por teléfono con un vendedor y le dije que estaría interesado en una demostración. Sin embargo, yo le advertí que no estaba listo para comprar y que él no debería venir esperando cerrar una venta. Habiéndonos puesto de acuerdo, él organizó una demostración. El vendedor que vino a mi hogar era joven, pero su historial de ventas y su actitud eran ambas excelentes.

Después de que el vendedor observó que su producto me podía ayudar inmediatamente, él me fue convenciendo—paso a paso y sin presionarme—para firmar una orden. Un vendedor común hubiera aceptado mi declaración de no haber estado listo para comprar y me hubiera hecho una demostración sin esforzarse por cerrar una venta.

Alguno de los otros temas cubiertos por los cursos de aprendizaje nocturno son: Formando una memoria retentiva, El arte de la relajación, Desarrollando una personalidad agradable, Desarrollando una Mente Creativa, Cómo hacer que tu mente te mantenga joven, Cómo ser un gran vendedor, etc.

Niños también pueden beneficiarse

Una grabación diseñada para instalar obediencia, respeto y cortesía en los niños ha demostrado ser muy efectiva. Algunos padres con niños rebeldes han declarado que este mensaje ayudó a sus niños a evitar el camino de la delincuente.

Un mensaje que está ayudando a muchos está titulado «Cómo hacer que los niños disfruten sus estudios.» Es fácil hacer las cosas que nos agradan. El niño que disfruta sus estudios sacará mejores notas que uno que pretende aprender, sólo porque se lo han ordenado.

Aprende idiomas mientras duermes

Miles de personas han aprendido varios lenguajes a través de lecciones que han sido escritos y grabados. Las palabras y oraciones son presentadas en material impreso y las pronunciaciones correctas vienen grabadas.

Se ha descubierto que al estudiar una lección antes de dormir y luego escucharla de manera subconsciente mientras uno duerme, los estudiantes pueden aprender mucho más rápidamente que si estudiaran sólo durante el día. Los estudiantes del curso de lenguaje, usando grabaciones además de su curso diario de estudio, aprenderán más en cuatro meses de lo que uno suele aprender en un año.

Cursos nocturnos no son necesarios para tener éxito

De manera consciente, una persona puede hacer todo lo que es ofrecido por un curso nocturno. Si uno acepta cada uno de los conceptos presentes en este libro (hasta este capítulo) y actúa con ellos, este capítulo es innecesario.

Los cursos nocturnos son para aquellos que no pueden diferenciar entre desear y saber. Cuando una verdad se asienta en tu Mente Creativa, ella se hace efectiva—si no hay interferencia de una Mente Consciente con dudas. Esa es la razón principal por la cual existen estos curso de aprendizaje nocturno. Pero si tú has estado pensando mientras lees, tú ya habrás ido cosechando todos los beneficios de este libro.

El dueño de un gimnasio popular me dijo que por más efectivo que eran sus clases de entrenamiento, él no hacía nada para sus miembros que ellos mismos no pudieran hacer. La pregunta importante era: ¿estaban dispuestos a hacerlo? Si los miembros pagaban sus honorarios y apartaban tiempo para ir al gimnasio, era más probable que ellos siguieran las instrucciones y se beneficiaran del ejercicio.

CAPÍTULO 24

TU NUEVA VIDA DE SALUD, RIQUEZA Y FELICIDAD

HABÍA UN HOMBRE QUE amaba los barcos. Él sabía leer planos y usar herramientas, así que él decidió construir su propio barco. Compró los planos completos y las especificaciones para armar un pequeño velero con cabina cerrada. Él soñó el día cuando podría navegar su barco por las aguas, sentado detrás del timón y con una gorra de capitán.

Han pasado varios años desde que este hombre compró los planos y sin embargo, la quilla aún no ha sido plantada. De tanto en tanto, él saca los planos y los estudia, luego los vuelve a doblar con cuidado y los guarda en su oficina

Tú ahora tienes los planos para una nueva vida de salud, riqueza y felicidad. Puedes guardarlos, con planes de empezarla algún día (que tal vez nunca llegará), o puedes comenzar ahora mismo.

Tú te reirías de un albañil que tras recibir un contrato, visita el sitio de la construcción, estudia los planos y luego se va a su casa a pensar en algo completamente diferente. La mayoría de los albañiles, después de firmar un contrato, juntan sus materiales y se ponen a trabajar.

Leer este libro ha sido como firmar un contrato contigo mismo para edificar una nueva vida; una que te dará orgullo cuando tus amigos y parientes te halaguen por causa de tus logros.

Como un albañil lee los planos una y otra vez para conocerlos bien, así debes leer tú este libro.

Tú ya conoces la eficacia de estos principios. Tú sabes que aplicar estos principios te asegurará una vida más radiante de gozo.

Deja de lado este libro por uno o dos días para poder digerir bien todo lo que recuerdas. Luego, con el pecho inflado, la cabeza en alto y una determinación inigualable, vuelve a leer el libro otra vez más; sabiendo que por medio de él, tú formarás una vida que te brindará todas las bendiciones que has soñado pero nunca esperaste tener.

Muchos de ustedes ya están encaminados hacia este fin. Ya has aprendido a poner en práctica los principios y estás disfrutando de los resultados. Estoy seguro que tú vas a lograr cosas grandes.

Permíteme darte una advertencia—para tu propio bien. Después de alcanzar tu meta, no pierdas de vista la fuente de tu buena fortuna.

Los entrenadores personales y nutricionistas pueden ayudarte a ser más a saludable y mejorar tu forma física a través de una dieta y ejercicios. Si tú sigues sus instrucciones, te sentirás mejor y más fuerte. Pero si vuelves a caer en tus malos hábitos de comida y ejercicio, tu cuerpo regresará a su versión anterior, dejándote menos saludable y débil.

No hay nada que se mantenga parado en el tiempo. Todo se mueve hacia adelante o hacia atrás. Por lo tanto, deberás seguir desarrollando tus pensamientos positivos, o volverás a seguir los pasos anteriores de pensamientos negativos.

«¿Por qué la gente vuelve a pensar negativamente después de haber visto todo lo bueno que trae el pensamiento positivo?» tal vez te preguntes—y esa es una buen pregunta. Dado que el 95% de todas las personas tienen tendencias negativas, es inevitable que muchas de las personas que tú conocerás son más negativas que positivas. La mayor parte de sus argumentos (por qué las condiciones son malas; porque es tan difícil hacer tal y tal cosa; porque no es posible triunfar bajo estas circunstancias) parecen ser lógicos. Bajo estas circunstancias, es bastante fácil para los que recién han empezado a pensar de manera positiva regresar a los caminos de los pensamientos negativos. Recuerda: siempre ha habido—y probablemente siempre habrá—una mayoría de pensadores negativos. Es por esto (por lo general) que tan pocas personas llegan a la cima del éxito.

Los principios incluidos en este libro te llevarán hacia alturas que nadie ha soñado. Pero sólo leer y aplicar estos principios no te asegurará de que puedas permanecer ahí. A menos que tú continúes reemplazando pensamientos negativos con pensamientos positivos, será muy fácil volver a tu estado anterior. Debes llegar a un punto donde será natural para ti reemplazar cada pensamiento negativo con un positivo.

Volveré a mencionar a mi amigo, W. Clement Stone, quien, como yo mencioné en el primer capítulo, invirtió $100 en el negocio de seguros y convirtió esa suma en una fortuna personal de más de $100,000.000. estoy seguro que durante los años de crecimiento de su negocio, se le presentaron muchas situaciones negativas. Hubo gente que probablemente le dijo a él por qué no podría hacer tal y tal cosa o por qué sus vendedores no estaban vendiendo. ¿Piensas que el Sr. Stone se dio por vencido ante estos pensamientos negativos y dejó de esforzarse? ¡Ni por un solo minuto! Él probablemente analizó el problema para aprender qué causó los pensamientos negativos y luego formó planes para corregir la situación. Este hombre te dirá, con toda confianza, que su actitud mental positiva fue totalmente responsable por su gran éxito.

El tamaño y alcance de tu éxito depende completamente de cuán alto puedas elevar tu mirada. Tú puedes adquirir cienes, miles o hasta millones de dólares, dependiendo de tu actitud.

Esto lo hemos comprobado una y otra vez a lo largo de este libro. Hemos repetido esta verdad varias veces para establecerla más firmemente en tu consciencia. Pero ahora, piensa en tu futuro. Preparemos una rutina que tú podrás seguir para asegurar que tu camino te lleve lejos y a grandes alturas.

1.- Nunca permitas que un pensamiento negativo more en tu mente—reemplázalo de inmediato con uno positivo. Para eliminar lo negativo, haz algo positivo para segurar que lo negativo ha desaparecido.

2.- Siempre acuéstate a dormir con pensamientos positivos. Decide qué tienes que hacer el día siguiente y luego vete a dormir con un pensamiento positivo. Durante la noche, tu Mente Creativa trabajará contigo para guiar tus pensamientos y acciones para que tú puedas hacer tu trabajo de la mejor manera.

3.- Mantén tu mente alegre. Es más fácil mantener positiva a una mente alegre que a una llena con amargura y tristeza. Si la tristeza persiste, haz algo que le dará felicidad a otra persona, y tu propia felicidad regresará.

4.- Comienza tu día con entusiasmo. Cuando despiertes, sé alegre por tener otro día más de progreso y felicidad. Sabe que tú serás guiado a lo largo del día, en pensamiento y acción, para triunfar en todo lo que hagas. Cuando estés desayunando, habla acerca de tu alegría y entusiasmo y cómo sabes que será un grandioso día. Si estás con alguien que no ha conocido las bendiciones que llegan a través del pensamiento positivo, puedes estar alegre sabiendo que tú sí tienes una mente positiva. Si pasas tiempo con una persona ambiciosa y emprendedora, puedes irte con ganas de salir adelante y cosechar logros. No te asocies con gente negativa—a menos que tú puedas ayudarlos al enseñarles cómo puede conseguir las bendiciones que son otorgadas por una mente positiva. Si las circunstancias te obligan a estar en un ambiente negativo, mantén tu mente alegre con el pensamiento de que tú ya has condicionado tu mente para ser positiva.

5.- «Cada día voy avanzando» es un lema que yo siempre guardo a plena vista en mi hogar. Como dije antes, nada quedara parado en el tiempo; todo avanza o retrocede.

Asegúrate de no dejar pasar ni un día sin algún tipo de progreso. Hasta que no sea algo automático para ti, tú debes ser consciente de tomar un paso hacia adelante cada día. Con el tiempo, tantas bendiciones empezarán a llegar a tu vida que el progreso parecerá imparable. Cuando hayas alcanzado la riqueza—habiendo terminado tu trabajo y asegurado tu seguridad financiera—no te conformes. Aún quedan muchos caminos nuevos por descubrir que no tienen nada que ver con ganar dinero. Considera probar tu suerte con música, pintura, escritura o cual otro tipo de arte o pasatiempo. La edad y la pereza mental van siempre codo con codo. Una mente activa es una mente joven. Y una mente joven mantendrá tu cuerpo más joven que si estuvieras preocupado por tu edad, algo que seguramente harás si tu mente no está ocupada con pensamientos constructivos.

Justo cuando estaba escribiendo esta página, recibí una llamada de teléfono que me dio mucha alegría. La voz en la otra línea me dijo: «Ben, quiero que sepas que una sola idea tuya que leí en tus libros me ha ganado más de $50.000.» Este hombre me contó que fue inspirado a desarrollar una idea millonaria que le trajo una fortuna. Los mensajes como este significan mucho más para mí que el dinero que yo hago con cada libro que vendo.

Yo sé que al leer este libro, tú ganarás más que los pocos dólares que pagaste por él. Pero yo no me quedo satisfecho con eso. Me decepcionaría saber que lo único que este libro pudo hacer para ti es devolverte el dinero. Yo quiero que este libro sea la aventura más grande de tu vida.

No soy tan engreído como para sentir que yo soy el único responsable por este libro. Un gran número de maestros, oradores, autores, revistas, diarios y programas de televisión y radio han contribuido a mi gran almacén de conocimientos. Yo he conocido a miles de personas, de todo tipo, que me han dado las ideas que yo he compartido aquí.

Mi contribución ha sido organizar los conocimientos que he adquirido y presentar los pensamientos constructivos de una manera que será útil para ti, el lector.

Gracias por leer mi libro. Mi oración (y yo sí creo en la oración) es que tú ahora puedas corregir cada situación que te separa a ti de tu felicidad.